爱上地理课

度假天堂·夏威夷
DUJIA TIANTANG · XIAWEIYI

知识达人 编著

成都地图出版社

图书在版编目（CIP）数据

度假天堂：夏威夷 / 知识达人编著 . —— 成都：成都地图出版社，2017.1（2021.10 重印）
（爱上地理课）
ISBN 978-7-5557-0424-9

Ⅰ . ①度… Ⅱ . ①知… Ⅲ . ①夏威夷—概况 Ⅳ . ① K971.2

中国版本图书馆 CIP 数据核字 (2016) 第 208421 号

爱上地理课——度假天堂·夏威夷

责任编辑：吴朝香
封面设计：纸上魔方

出版发行	成都地图出版社
地　　址	成都市龙泉驿区建设路 2 号
邮政编码	610100

印　　刷	唐山富达印务有限公司

（如发现印装质量问题，影响阅读，请与印刷厂商联系调换）

开　本	710mm×1000mm　1/16		
印　张	8	字　数	160 千字
版　次	2017 年 1 月第 1 版	印　次	2021 年 10 月第 4 次印刷
书　号	ISBN 978-7-5557-0424-9		
定　价	38.00 元		

版权所有，翻印必究

主人公简介

卡尔大叔：华裔美国人，幽默风趣、富有超人智慧，喜欢旅游，考察世界各地的人文、地理、动植物。

尤丝小姐：华裔美国人，卡尔大叔的助理，细心、文雅。

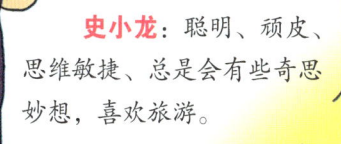

史小龙：聪明、顽皮、思维敏捷、总是会有些奇思妙想，喜欢旅游。

主人公简介

帅帅：喜欢旅行的小男孩，对探索未知充满了兴趣。

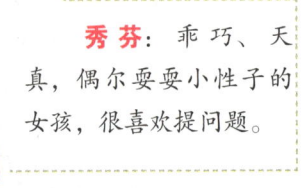

秀芬：乖巧、天真，偶尔耍耍小性子的女孩，很喜欢提问题。

目录

第1章　这一站，夏威夷　1

第2章　珍珠港的提醒　8

第3章　皇宫=囚笼　15

第4章　充满鲜花的法院　19

第5章　"安分守己"的办公大楼　24

第6章　最清澈的天空　28

第7章　在玛纳基亚山上说海尔——波普彗星　32

第8章　保持"风"度　39

第9章　夏威夷居民的热情　45

第10章　人间天堂火奴鲁鲁　51

第11章　夏威夷的色彩　58

第12章　太平洋国家公墓　64

第13章　到了威基基海滩，才算到了夏威夷　68

第14章　日落下的威基基　75

第15章　像一头卧兽似的钻石山　80

第16章　封闭的海滩——恐龙湾　87

第17章　冒乌纳罗亚山与珠穆朗玛峰的高度较量　95

第18章　在国家火山公园等待天黑　101

第19章　看到了流动着的熔岩　106

第20章　夏威夷小结　111

第1章 这一站，夏威夷

"哦，我们这次要去夏威夷。"尤丝小姐一边忙着回答，一边看着资料。

秀芬的眼睛睁得可大了，她脑中的夏威夷岛就是那个充满了阳光、沙滩、花朵的地方。

"有冲浪、草鞋……"帅帅一脸兴奋地跑过来凑热闹。

"可是我们对'夏威夷'了解得太少啦。"史小龙有些担忧地说。

帅帅轻松地笑了笑，走到史小龙身边，拍拍他的肩膀说："我们可以一边游玩一边了解呀，到时候你就什么都知道了。"

"可是……"史小龙还是一副很不放心的模样。

按照惯例，大家在去某一处之前，都会恶补一下相关的知识。

"夏威夷"来自于波利尼西亚语。大概在公元4世纪时，有一批波利尼西亚人乘着独木舟漂流到这里，经过一段漫长时间的考察，发现这里的环境挺适合居住的，就在这里定居下来。这批波利尼西亚人还为这群岛屿起了个名字,就是我们现在所知道的"夏威夷"。

史小龙还是很茫然:"'夏威夷'是什么意思啊?"

卡尔大叔温和地笑了:"在波利尼西亚语中,'夏威夷'就是'原始之家'的意思。看来,波利尼西亚人是把这些岛屿当成自己真正的家了。"

秀芬有些疑惑,便问:"那后来是谁发现了夏威夷群岛呢?"

"据说西班牙人胡安·盖塔诺是最早发现这个岛屿的欧洲人。但真正让世人知道夏威夷的人,是英国航海家库克船长,他于1778年登上了夏威夷群岛。"尤丝小姐说完,又低头忙起来。

"群岛……"帅帅小声嘟哝着,"群岛,是指一个岛还是一群岛呢?"

"哦,这也是个问题。"卡尔大叔没有觉得这个问题很"业余",便说,"'夏威夷群岛'不是只有一个岛屿,而是由124个小岛和8个大岛,以及环绕在各岛附近的礁岩、尖塔组成。因这些岛群中以夏威夷岛最大，故名'夏威夷群岛'。"

"还有呢？"秀芬眨着大眼睛看着卡尔大叔说，"你刚刚说不止一个岛屿。"

"夏威夷岛群中主要岛屿有6个：首府火奴鲁鲁所在的互胡岛、最大的夏威夷岛、最具有田园风情的可爱岛、毛伊岛、拉奈岛、摩洛凯岛。除这些以外，还有一些更小的岛屿在其他地方。"卡尔大叔解释得特别仔细。

"拉奈岛？"帅帅对这个名字特别感兴趣。

卡尔大叔喝了一杯水，开始了好长好长的关于拉奈岛的叙述：

"形状像个鸭梨一样的拉奈岛，是夏威夷群岛的第六大岛。在很久以前，岛上无人居住，后来土著人的祖先登上此岛定居。岛上沿海区域岩石陡峭，地势崎岖。因有毛伊岛和摩洛凯岛的阻隔，湿润的海风吹到拉奈岛已经很弱了，也正是这个原因，导致拉奈岛的气候比较干燥。夏威夷的国王卡美哈美哈一世特别喜欢这个岛屿，很早以前就在这里建立了自己的行宫。这里又被称为'菠萝之岛'，是因为在18世纪中叶，拉奈岛被当成农场一样用来种植菠萝。1922年，杜尔买下这个岛屿后，花费了数百万美元，将它改造成菠萝园，最后把这个无人知道的岛屿变成了一个市，所以后来的拉奈岛又多了一个'灰姑娘岛'的美称。"

"呵呵，'可爱岛'呢？"秀芬觉得这个名字挺有趣。

"你只要去看了，就知道它为什么叫做'可爱岛'了。"卡尔大叔笑着说。

"嘿！"尤丝小姐拍拍手，打断了大家的对话，"大家抓紧时间收拾行李啊，该安排的都已经安排好了，我们一切就绪，就准备登机了。"

"啊……"秀芬突然想起还有东西没有拿，神情紧张地说，"我马上去收拾，你们要等我啊！"

"我的帽子没拿……"帅帅也慌张起来。

尤丝小姐看到史小龙一副悠闲的模样，感到很疑惑，便走到他面前问："小龙，你有什么没拿的吗？"

史小龙自信地答道："我一切就绪。"

"你确定你带好了所有的东西？"尤丝小姐半信半疑地询问着。

史小龙特别骄傲地说："我早就收拾好了！"

尤丝小姐不禁要重新审视史小龙了："你神速啊！"

史小龙激动地举起右手，做出"向前"的手势："下一站，夏威夷。"

"哈哈哈……"卡尔大叔止不住地笑，尤丝小姐完全不知道说什么了。

知识百宝箱

特别"友善"的摩洛凯岛

一直享有"友善之岛"美称的摩洛凯岛,是夏威夷群岛中的第五大岛。因为摩洛凯岛存在时间超过了200万年,东、西两边的火山在这段漫长的时间里不断地经历着喷发、岩浆冷却的过程,使这里土地富饶,岛上居民因此受到了很大的恩惠。白沙海滩在岛的西面,狭长的谷地盘绕在岛的东面,谷地里不光有长势茂盛的羊齿状植物,也有像绿地毯一样的绿色苔藓。摩洛凯岛还有特别出名的大堡礁,为观光者提供了丰富多彩的观赏、娱乐环境。摩洛凯岛给本地人提供了耕地,又给外地游客提供了游玩场所……如此得天独厚的环境,想不"友善"都难呢!

第2章 珍珠港的提醒

"快点啊,快点!"史小龙回头招呼落在身后的朋友们。他们一行已抵达夏威夷。

"小龙,你得慢点儿!"尤丝小姐不仅怕走在后面的人跟不上,又怕史小龙走丢了,"这里人多,若走丢了怎么办!"

"呃,一直听说美国的太平洋战争打得多么多么惨烈,刚刚看了纪录片,才真的有了这种感觉!"秀芬还在回味刚刚的电影。

"呵呵,电影说的是1941年发生的太平洋战争。"卡尔大叔接着话茬准备说下去。

"1941年12月7日。"帅帅总喜欢纠结细节问题。

"是的,日本法西斯出动了多架飞机偷袭珍珠港……"卡尔大叔在叙述刚刚电影里面看到的史实。

"是在清晨。"帅帅特别认真地强调。

"有什么关系吗?"秀芬受不了帅帅的纠结,"你是不是还要说,多少架飞机被毁了,多少个美国人失去了生命?"

"是啊,击中亚利桑那号战列舰的炸弹都有上千斤重呢!战舰上的将士全部都遇难了……"

帅帅从来不觉得自己是个死脑筋的人。

帅帅突然眼睛一亮，特别激动地说："对了，有 4 艘航空母舰没有被击中，哈哈哈……它们不在港内，躲过了这一劫啊！"

"呃……"秀芬头都大了。

"第二天美国就向日本宣战了，太平洋战争爆发。"卡尔大叔耐心地解释，"不幸中的万幸是日本人没有炸到珍珠港的油料仓和修船坞。"

"油料仓和修船坞是帮助美军后来恢复战斗力的重要保障吧？"秀芬睁着大眼睛看着卡尔大叔说。

"亚利桑那号沉没以后，它的上层建筑、火炮都被拆了，战舰的大部分都保留在了水下，水上面还能看到一些残骸，这些残骸是第三号主炮炮塔的基座。"卡尔大叔说到这里，还环视四周，好像是在寻找亚利桑那号纪念馆，"1962年的5月，肯尼迪总统把亚利桑那号失事的地方设为国家陵园。"

"亚利桑那号纪念馆就是纪念珍珠港遭袭这件事情的吗？"秀芬很关心地问。

"是呢，你们看那边。"卡尔大叔指着不远处的一个建筑介绍，"那就是亚利桑那号失事的地方。"

秀芬和帅帅都看到了亚利桑那号纪念馆。纪念馆外表是白色的，约56米长，和战舰构成了一个很大的十字形，白色外形给人的感觉像是枕头，但帅帅说像是棺材，卡尔大叔说不管是像枕头还是像棺材，这些都是别人经过多年的研究，精心设计出来的。

"哎，你们倒是快点儿啊！"史小龙已经站在纪念馆的仪式厅前，远远催着后面的四个人。

"你总是这样，心急怎么能看得仔细呢！"尤丝小姐无奈地摇摇头，尽管她一路慢慢地观赏着，但也来到了纪念馆的浮台。

纪念馆的整体布局显得格外简单，从一端进去，就能看到一个浮台，过了浮台，就是整个纪念馆中心的位置了，也就是史小龙现在所处的位置——仪式厅，过了仪式厅是圣室，圣室已经是纪念馆的另外一端了。

卡尔大叔他们才走到纪念馆的入口处，就听到史小龙在说："1941年12月7日！"

秀芬很不理解："那是什么特殊的日子吗？"

"哦，呵呵……"卡尔大叔笑道，"纪念馆肯定是纪念战争中牺牲的将士，小龙一定是在看那个纪念墙上将士的名字。"

史小龙的眼睛眨也不眨，正盯着纪念馆里面的一面特别醒目的纪念墙，纪念墙是用白色大理石做成的，放在这里格外引人注意。

秀芬指着纪念馆顶端的一根旗杆，说道："我更关心那个旗杆，它的结构很奇特呢！"

"哇，它跟纪念馆是隔离开来的！"帅帅突然惊奇地说。

"是呢，这根杆子是连在亚利桑那号上的。"尤丝小姐凑过来。

秀芬挠挠头，非常不解："可是亚利桑那号已经沉入海底，沉睡了很多年了！"

"哦，是连在亚利桑那号的主桅杆上面的。"卡尔大叔解释道。

帅帅惊奇地指着正在泄漏燃油的沉船："你们快看那水里！船还在漏油呢！"

在阳光的照射下，水面上飘散的油渍更加明显了，沉船的残骸也很清晰地展现在人们的眼前。

"隔80多年了，还能让这一历史这么完整地呈现出来！"尤丝小姐特别感慨，"这是美国人用来教育后人的吧，告诉他们不能忘记这段历史。"

"黑色眼泪。"秀芬念着旁边的碑文，不禁感慨万千。

看过纪念馆的人，都知道珍珠港对世人的提醒：要记住战争，但更要珍惜和平。

知识百宝箱

逝去的"亚利桑那号"

"亚利桑那号"是属于宾夕法尼亚级战列舰。作为重量级的战舰,"亚利桑那号"曾经见证过不少历史事件。1918年11月,美国总统德罗·威尔逊去参加巴黎和会,就是搭乘这艘战列舰。以后的几年里,"亚利桑那号"在加勒比海和夏威夷、美国东西海岸之间来回穿梭,为美国实施各种军事训练做出了巨大的贡献。随着训练任务的加大,美军对"亚利桑那号"的某些设施进行了适应性改装,例如三脚桅增设桅楼,替换了之前的前、后笼式主桅;舰桥也被改建了,撤去了一部分副炮,加装了高射炮、水上飞机等一些先进的设备。在珍珠港事件发生之前,"亚利桑那号"一直被看成是美国军事部署中的重要装备。

第3章

皇宫 = 囚笼

从珍珠港出来，路过机场时，尤丝小姐告诉大家，接下来要去伊欧拉尼皇宫，大家都很高兴。

伊欧拉尼皇宫是美国唯一留下来的皇宫遗迹。如果想回顾夏威夷王朝过去的荣耀和光辉，来这里当然是最正确的选择了。此皇宫，是夏威夷王朝最后两个国王卡拉卡瓦和他的继任丽丽乌库拉妮女王的后宫，建在檀香山的市中心。在夏威夷语中，这座皇宫是"天堂之鹰"的意思，象征至高无上的荣耀和地位。

"这座皇宫耗资 36 万美元以上，"卡尔大叔继续介绍着，"自从 1882 年建好以后，这里被当做皇宫的时间只有 10 年。"

"被当成皇宫？"大家都不解了，在大家的眼里，这分明就是一座皇宫。

"这就说来话长了。"卡尔大叔开始了长长的叙述，"丽丽乌库拉妮女王是先王之妹，她可能是一个喜欢独立自主的人，她受不了外族对于夏威夷人的影响，而当时影响夏威夷人的是白人传教士。这些传教士大都是当地农场的主人，他们在这里生根并扩张他们的势力。"

"丽丽乌库拉妮女王后来是怎么解决这些势力的呢？"秀芬对卡尔大叔刚刚说的特别感兴趣。

"你觉得丽丽乌库拉妮女

王会有机会说出自己的想法吗？"

这时候史小龙终于在游荡了一大圈以后，回到了大家身边。

"丽丽乌库拉妮女王遭遇到了特别不平等的待遇，"卡尔大叔说，"一个叫约翰·史蒂文斯的传教士，下命令让海军率领'波士顿号'去包围夏威夷皇室，这时的'波士顿号'正在夏威夷访问呢。"

"然后呢？真的就包围了伊欧拉尼皇宫？"史小龙有些难以置信，"这举动……太强势了吧？"

"能有什么办法呢？当时，美国总统都觉得这件事情很欠考虑呢，当时是格罗弗·克利夫兰总统执政。"卡尔大叔想了想。

"那他怎么不出来反对这项命令呢？他可是总统……"史小龙急了。

尤丝小姐不以为然地说："美国国会都没有把这件事列入议程，总统又能怎么样呢？"

"后来呢？"秀芬迫不及待地想知道结果。

"丽丽乌库拉妮女王没办法，美国的商人本身就很狡猾，再加上美国士兵的机关枪……"

"丽丽乌库拉妮女王投降了，皇宫就这样被占领了？"秀芬插嘴问道。

"是的，所以说这里的皇宫，只不过空有皇宫的名称，在以后的日子里，这里跟牢笼没什么两样。"卡尔大叔摊开双手。

史小龙四处观望，想象着在这么豪华的牢笼里生活的滋味。

"丽丽乌库拉妮女王后来的命运呢？"秀芬显然还沉浸在刚才的故事里面。

卡尔大叔一声叹息："后来丽丽乌库拉妮女王被指控，说是犯了颠覆政府的罪名，被罚款5000美元，还要被软禁5年。"

秀芬既同情又怀疑，眼睛盯着卡尔大叔："堂堂一个女王，还真能被软禁5年？"

史小龙也说道："被软禁在这里，与坐牢差不多啊！"

"不说这些沉重的故事了，"尤丝小姐把大家拉回了现实，"好歹这里已是夏威夷图书馆了！我们得好好利用资源呢！"

第4章

充满鲜花的法院

老远就看到卡美哈美哈国王的巨大铜像，他身上披着象征王权的羽毛披肩，右手做出"欢迎"的姿势，左手拿着一根长矛，一副刚刚打完胜仗、从远处回来的模样。

"卡美哈美哈国王！"史小龙远远地就朝着这个铜像欢呼。

"这是什么意思啊？"秀芬指着铜像上的字母问卡尔大叔，"难道就是'卡美哈美哈国王'的意思？"

"'卡美哈美哈'用夏威夷语来说呢，就是'孤独者'的意思。"卡尔大叔解释说。

"啊，王者孤独呢！"尤丝小姐特别感慨地说，"我以为只有中国的皇帝是孤独的，原来从古代到现在，不管是中国还是其他国家，王者都是孤独的。"

帅帅插话了："卡尔大叔，卡美哈美哈国王是个什么样的人啊？"

"呃……这可不是一句两句能够说清楚的。"卡尔大叔先卖了个关子，"在美国的五十个州里面呢，只有夏威夷州，曾经有过国王的统治。而在夏威夷的历史上，卡美哈美哈是第一个统治夏威夷的国王。"

尤丝小姐一边看着铜像，一边在旁边补充："当时是他统一了夏威夷的各个岛屿，就像秦始皇统一六国一样。"

史小龙逗趣地说："很早以前就听别人说过，谁要是来到夏威夷啊，就一定要来看看卡美哈美哈国王的铜像。"

"哎，又说远了。"帅帅把话题拉了回来，"卡尔大叔，后来怎么样了？卡美哈美哈国王的故乡就是夏威夷岛吧？"

"当然是了！"史小龙不屑地说。

卡尔大叔笑着走过来，接着讲述："卡美哈美哈国王是在这里长大的，呃……他是在18世纪50年代出生的，他当了国王以后呢，对贸易方面特别热心，这贸易可是世界贸易哦。"

"他怎么做贸易啊？"帅帅有些想不明白，在那个时候，能有什么产品涉及进出口贸易呢？

尤丝小姐觉得帅帅算是问到重点了，她饶有兴趣地凑过来："卡美哈美哈国王可是个精明人，他把夏威夷的土特产拿去交易，换回来的都是些洋枪洋炮。"

"可是，他要这些洋枪洋炮干什么啊？"秀芬也不懂了。

"他用洋枪洋炮统一了周边的岛屿，不然他的卡美哈美哈王朝是怎么建立起来的呢？"尤丝小姐反问道。

"哇，这花环……"秀芬指着卡美哈美哈国王铜像上的一个特别夸张的花环说，"起码有5米长。"

"我看应该有5.5米吧。"帅帅凑过来。

"你这个人太纠结小事！"秀芬嘟哝着说。

卡尔大叔走上前来说："这些鲜花，可能是怀念卡美哈美哈国王的人敬献的，他们会经常过来敬献鲜花，以表达他们对卡美哈美哈国王的缅怀之情。"

秀芬像是解开了谜团一样："怪不得这里这么多鲜花呢，从远处看，还以为这里是一个花市呢。"

"你们知道吗?"尤丝小姐像是想起了什么一样,"每年6月份,这里的人们都要欢庆'卡美哈美哈国王日'。"

"每年的这个时候,这里就像真正的'花市',人们都来献花,完全就是一片花的海洋了。呵呵……"卡尔大叔笑得特别温和。

"哈哈!"史小龙突然大笑,"哪有这样的法院啊?门口满是鲜花呢!"

大家都笑了。

第5章 "安分守己"的办公大楼

顺着铜像所在的街道继续往前走，就能看到领土事务处的办公大楼。

"大楼，就是这个办公大楼吧？"秀芬猜测着问。

"对。"卡尔大叔很肯定地回答。

"科库安纳欧不是卡美哈美哈国王的曾孙吗？"史小龙疑惑地问。

这座大楼就是以卡美哈美哈国王的曾孙的名字命名的，这栋大楼是由非常著名的建筑师阿瑟·夏威夷雷诺兹设计，并在1926年才完工的。这座办公大楼就是专门为领土事务处办公建造的。

"说到这里，得说点题外话。"卡尔大叔笑着说，"咱们都知道，夏威夷到1959年才正式成为美国的一个州，但它在1900年开始成为美国的准州，别名'阿洛哈之州'。"

"阿洛哈？是什么意思啊？"秀芬的眼睛睁得可大了。

"你们有没有见过，夏威夷人在离别或者问候时，总喜欢说'阿洛哈'？"尤丝小姐笑着解释，"他们喜欢用这个词来表示自己心中的爱。"

"爱？"史小龙挠挠头，"你是说，他们在表达对对方的尊重和关切吧？"

"哦，这样一说，还真的想起来了，隔壁的大哥哥总喜欢说一句'阿洛哈'。"帅帅走上前来说。

那时候的公民，是没有选举权的。第二次世界大战时，夏威夷的管理特别森严，那时的领土事务处仅有一个工作人员，科库安纳欧办公大楼很长一段时间被说成是"无趣的"，甚至有人说是"中庸的"。

"哈哈哈，你们看看盾徽上的箴言，就会明白这些说法了。"卡尔大叔一边说着，一边用手指着办公大楼的大厅。

大厅远看有两层楼那么高，抬头往上看，能看到一个玻璃穹顶，

The Life Of The Land Is Perpetuated In Righteousness

玻璃不是单纯的透明质地，而是彩色的玻璃，上面描绘了夏威夷王国的盾徽，盾徽上整洁地刻着卡尔大叔所说的"箴言"。

"守正义则存。"秀芬认真地念着。

"这样说来，安分守己的人就能生存得很好。"史小龙笑着说。

帅帅疑惑地挠挠头。

"这办事处的建筑特色……"史小龙诡异地笑着，"即使很前卫，也会被这几个字拖累吧？它显得太'中庸'了！"

"你的意思是设计风格跟它所得到的评论没有直接联系？"秀芬顺着史小龙的话来推理。

"无关。"史小龙很肯定地说。

"那为什么别人说它'无趣'呢？"帅帅还是不理解，"跟建筑风格无关，那跟什么有关呢？"

"哈哈哈……守正义则存，跟人文有关呢。"史小龙自以为是地告诉帅帅。

"你说的是安分守己的人文气息吗？"秀芬有些犹豫，问了一句，问得几个人面面相觑。

第6章
最清澈的天空

"搞错了吧？"史小龙一脸疑惑，"到夏威夷来，不看威基基海滩，不看草裙美女……跑来这鬼地方……看星星？"

"呵呵，一看就知道你对天文不感兴趣。"帅帅凑上前来说。

"我是天文爱好者。"史小龙耸耸肩，"但是完全没有必要在这么美丽的地方看星星，咱们回去有的是时间来研究星体……"

"既然卡尔大叔说过来能有收获……"秀芬认真地说，"那就一定不会白来！"

史小龙背着重重的望远镜，每隔几分钟就和帅帅交换着背一下，秀芬拿着其他的观测器材紧跟在两人身后，最后面是卡尔大叔和尤丝小姐，他们每人都背着一个特别大的双肩包，里面装着野营要用的东西。五个人慢慢地往山上走着。

"哈哈，先给史小龙普及一下常识吧。"卡尔大叔边笑边解释，"夏威夷岛群呢，不是指一个岛屿，说的是8个大岛屿和124个小岛呢！夏威夷是这里最大的一个岛屿，所以整个群岛就用'夏威夷'命名了。"

"但是，"史小龙纳闷了，"这跟我们过来看星星有关吗？为什么你说世界上最好的看星星的地方，就是夏威夷呢？"

"哦！你在想这个问题？"帅帅有些累，"我也在想，我们为什么要这么吃力地往山上爬？"

"呵呵，为什么会是夏威夷岛最大呢，你们想过没有？因为在夏威夷岛上有两座很高很高的山，海拔有4200米呢！"卡尔大叔笑着说。

"哪两座？"秀芬和史小龙几乎同时问道。

"一座是玛纳基亚山，还有一座呢，是玛纳洛娃山。"尤丝小姐及时回答。

"哇，海拔有4200米高啊！"史小龙惊异地说，"那从地图上看，这两座山是不是特别醒目？"

尤丝小姐笑着说："像在太平洋海面直接插上了两根长长的旗杆。"

"我为什么一定要你们过来看星星呢，有一个很重要的原因，"卡尔大叔稍稍休息了一下，继续说道，"一般来说，低空云层的高度只有1500米左右，所以在这两座高山上看星星，完全不受低空云雾的影响啊。"

"是的，呵呵，"尤丝小姐接着说，"夏威夷岛上的居民，很早以前就开始种植甘蔗和菠萝，这里一度被称作是'农业岛'。而且这里的人口不多，再加上夏威夷岛特殊的地理位置……"

"你说夏威夷的特殊地理位置，"帅帅接过话茬，"是说夏威夷岛四周环海吗？"

"嗯，是的，"尤丝小姐笑着说，"因为四周环海，夏威夷就完全没有强光的损害和空气的污染！在这么优良的环境下，夏威夷岛当然会拥有全世界最干净、最清澈的天空了！"

第7章 在玛纳基亚山上说海尔——波普彗星

好不容易来到玛纳基亚山天文台。

"哈哈,原来玛纳基亚山天文台这么酷炫!"史小龙是说天文台有一个闪着银光的圆顶。

"呵呵,这里被称作是'地球表面的宇宙窗口'呢!"尤丝小姐笑着说。

"我还是不相信我们来到了这里,海拔4200米啊!"帅帅一副难以相信的表情,"这么高的地方,一般人都会患高山病的!如果空气含氧不足的话……喂,如果你们觉得头昏、四肢无力或者眼冒金星……一定要说出来啊!"

"谁在乎高山病!"秀芬又激动、又兴奋,仰望着山顶上的一座座银色的圆顶,那些圆顶就好像是激光枪堡垒一样,堡垒里面是守护宇宙的战士。

"我们是真的到了这里!"史小龙曾经无数次地幻想过自己是太空人,就连做梦也梦到过自己正在登陆火星。

玛纳基亚山山顶上覆盖着红色土壤，远远望去也看不见有植物。一条碎砂石路向前延伸，每走一步，脚下都发出沙沙的响声。

来到合适的地点，卡尔大叔忙架起巨大的望远镜。时间还早，大家纵目远望，饱览海天一色的美景。慢慢地，像水晶一样透明的湛蓝色天空不见了，取而代之的是阴沉沉的乌云。太阳已沉入海平面，西边海平线的天空上仍有一抹红色。

"哇，真冷呀，手指冻僵了！"帅帅突然大叫，"不好拍照呢！"

"快快！"卡尔大叔连忙拿出旅行袋，搭起临时的帐篷，"大家先到帐篷里来，先暖暖身子再说！"

"是啊，这里地势太高了，气温随海拔升高而降低。"尤丝小姐一边帮着卡尔大叔搭帐篷，一边解释气温低的原因。

"是啊，我觉得有点昏昏沉沉的呢！"秀芬也走近帐篷。

"快快，你先进去休息！"尤丝小姐说着，扶着秀芬进了帐篷。

大家陆续钻进了帐篷。虽然帐篷内很拥挤，但是大家都觉得里面很舒服。

没待多久，帅帅拉开帐篷的门，看到帐篷外天空中明亮的星星，果然与其他地方见到的星星不同。这里的星星又明又亮，好像就在头顶不远处，好像跳起来就可以抓到手中一样。他激动地告诉大家："快看啊！多么美丽的星空啊！"

"在这里看星星，还真是不一样！"史小龙说，"看来，来这里真是不虚此行，卡尔大叔真是了不起，带我们来这么好的地方！"

"呵呵，"卡尔大叔笑着说，"玛纳基亚山是看星星最好的地方！不过就是有点冷，正所谓'高处不胜寒'！如果是冬天来这里，你们就要接受低气温的挑战了……"

"其实，气温低一点，可以忍受。关键是不虚此行！"史小龙耸耸肩。

"对面的玛亚山，也是看星星的好地方。"尤丝小姐说。

"在玛亚山观测星星，会受到玛纳基亚山的遮挡，视野没有这里好！"卡尔大叔插话了，"在玛纳基亚山山顶观测星星，360°无死角！"

"我只是说那里的环境会好些，不会这么冷。"尤丝小姐解释道，"因为是南方的天空，被后山挡住的视野大概只有10°了。但那里明

显要暖和得多。如果是春天的晚上到那里去看星星,你就会发现那里的气温有多么舒适宜人了。"

"是的。但玛纳基亚山山顶的气温也完全可以忍受。"卡尔大叔一边点头一边说,"我以前在这里拍摄到了海尔－波普彗星……那段时光真是令人难忘。"

"哇!"秀芬的眼睛睁得特别大,"海尔－波普彗星……"

卡尔大叔兴奋地说:"海尔－博普彗星是一颗非周期彗星,位于木星与土星轨道之间,这么远的距离,很难与小行星区分。所以过去一直没有被发现。1995年7月23日凌晨,美国两位业余天文爱好者观测到后,立刻用国际天文学联合会鉴别彗星的软件进行确认,之后用电传通知国际天文学联合会。国际天文学联合会确认后,便用'海尔'和'波普'两位业余天文爱好者的名字给这颗慧星命名了。"

海尔－波普彗星是离地球最远的一颗彗星,因为这颗彗星在被发现时的亮度是哈雷彗星在相同距离上的一千倍,因此他们推测这是一颗巨大而且活跃的彗星。著名的哈雷彗星,彗核直径只有8千米至16千米,而海尔－波普彗星的彗核直径达40千米,是一颗非常巨大的彗星。

"不仅如此，这颗彗星的公转周期约为3000年。1996年夏天，海尔-波普彗星可以用肉眼看见。1996年12月，因它的位置太接近太阳，暂不能观测。从1997年起，观测海尔-波普彗星成为天文爱好者的盛事。"

"那当时您等了多久才看到海尔-波普彗星啊？"帅帅特别崇拜地看着卡尔大叔，"那得有多大的耐心啊！"

"嗯，我等了整整7天，连续地在观测仪前面……"卡尔大叔回忆起了当时的情形，"我回去以后，朋友都说我瘦了一大圈，完全不是以前的我了。"

"哦！观看星系还可以减肥！赶快去专利局申报专利吧！"尤丝小姐逗趣地说，惹得大家哈哈大笑。

知识百宝箱

高山反应

因为缺氧或因身体环境适应能力差，一些人在高山上会出现身体不适的症状，统称高山病。高山病的全名是"高山适应不全症"。那么，导致"高山病"的具体原因是什么呢？通过调查资料，不难发现高山病的发病原理：人们平常生活的地方，大气压一般是760mm汞高，氧气压159mm汞高。当人们爬到海拔3500米处，部分人会出现高山反应。因为这时人的肺泡内的气体、动脉血液和组织内氧气分压会相应降低，导致产生晕眩和恶心等不适应的反应。当人们爬到海拔4000米处，大部分人会出现高山反应。

第8章 保持"风"度

秀芬已经拿不稳相机了,只觉得来到了一个不是正常人会来的地方,站也站不稳。

"等会儿到了观景台,你们才知道什么叫风大。"卡尔大叔理了理被风吹乱的头发说。

"甭管头发了,一会儿还是要吹乱的!"史小龙指着自己的一头乱糟糟的头发说,"这是大自然发型。"

帅帅一边用手按着帽子,一边抱怨说:"哎,这里怎么这么大的风!"。

卡尔大叔微微一笑:"夏威夷一年到头都刮着东北风,欧胡岛上风最大的地方就在大风口了。"

"这里风大,也叫'大风口'吧?"帅帅发问,逗得大家都笑了。

"真正的'大风口'在欧胡岛东南边的科欧拉乌山上,科欧拉乌山特别陡峭。"尤丝小姐说,"据说风力达到8级以上,有人说风力超过10级!"

"哇,这么大的风,人都被吹跑了!"史小龙说。

"等会儿就到观景台了。帅帅,你还是把帽子摘下来收好,不然被风吹跑了。"尤丝小姐关心地说。

帅帅一边摘下帽子，一边说："不知道大自然会给我梳一个什么发型呢！"

秀芬对史小龙说："你帮我拿相机！想不到一个相机这么沉！"

史小龙接过相机，又顺便把秀芬的背包也拿过来，说："背包更沉，我帮你背吧！这是男子汉应有的风度！"

"哈哈哈……"大家说笑着，不觉就到了观景台。

刚走过观景台一个拐弯，就感到风力很大。大家顶着大风，来到观景台上，卡尔大叔指着前面的山口说："当年，日本人为了摧毁美国在太平洋上的海空军事基地，在夏威夷附近海域仔细侦察了两年多……最后决定让飞机从大风口这里飞进来，实施突然袭击。为什么选择这里呢？是因为这里是美国雷达探测不到的死角，甚至可以说，整个美国也就只有这一处没有在雷达的覆盖范围之内。"

"对呀！"尤丝小姐解释道，"当年日本人突袭珍珠港的飞机，就是从这里飞进来的！"

"哇，原来这里是太平洋战争的起点啊！"史小龙说。

"这个地方的故事还多着呢！"卡尔大叔说，"绝不单纯的只是一个'刮大风'的地方。"

"不知为什么，很多人都说大风口是夏威夷一个特别经典的地方。"秀芬问。

"大风口在很久以前，还是个古战场。1795 年，卡美哈美哈国王在这里打败了欧胡岛的酋长卡拉尼库普雷。"卡尔大叔讲述着当年夏威夷立国时发生的故事，"欧胡岛酋长，没有洋枪洋炮，自然是节节败退，最后逃到这里，觉得抵抗下去也没有用，但又不愿投降，就带领着士兵们跳崖自杀……死在这里的有数百人。"

史小龙说："宁死不屈，看来，欧胡岛酋长也是一条好汉！"

"这个传说也有另外一个版本，"卡尔大叔话锋一转，"欧胡岛酋长战败后准备跳下悬崖自杀的，却被这里的大风给吹了上来，挂在树枝上，被俘虏了，最后被卡美哈美哈杀害。"

卡尔大叔继续说："卡美哈美哈在征服夏威夷诸群岛之后，就自立为王了。在历史上很多地区都发生过部落

之间的兼并战争，也谈不上什么对错，总之是形成了几个小国家；然后几个小国家之间又会发生兼并战争，又形成了一两个较大的国家。夏威夷诸群岛发生的兼并统一战争较晚。所以，夏威夷才有两任国王，就是卡美哈美哈国王和他的继任妹妹。"

"卡美哈美哈国王原名帕伊亚，他的父亲科欧阿·努伊酋长是夏威夷大岛的岛主。当时各个小岛都有岛主，岛主之间的纷争就可想而知了。在得知帕伊亚出生的消息以后，各个岛主非常不安，想方设法地迫害帕伊亚。科欧阿·努伊被迫把帕伊亚秘密地送到一个贵族家里生活，期间秘密教会帕伊亚各种军事技巧和外交手段。这些都为帕伊亚后来成为国王打下了扎实的基础。'卡美哈美哈'在夏威夷语中是"孤独者"的意思，其实也是含蓄地道出他小时候的不幸生活。"

大家站在观景台的顶端往下面看，绿山、房屋、树木，还有远方湛蓝的大海，都笼罩在一片轻纱一样的薄雾里面。

"张学良的墓就在那片绿山丛中。"卡尔大叔突然说了这个事情。大伙儿不禁感慨，整个大风口瞬间变得更有"风度"了。

知识百宝箱

张学良夫妇墓

夏威夷公园墓地在一片绿色的树林里面。墓园中,每位故人的墓碑上都记载着姓名和生卒年月,墓碑下面埋葬的是他们的骨灰盒。墓碑前面有一个铁制的花瓶,花瓶里面插着扫墓人敬献的鲜花。

张学良与夫人赵一荻的合葬墓也在这里。张学良夫妇墓在公墓北山东头四座圆顶亭子的下面,是一个独立墓园,墓园门向东开。墓台是用黑色的大理石砌成的,按照中国的传统,上面工整地刻着:张学良,1901-2001;赵一荻,1912-2000。墓台后边石墙上安放着十字架,周围是石砌的矮墙,墙外是青翠的草地和树木,墙内是开满黄花的扶桑。

环境朴素、宁静。

第9章 夏威夷居民的热情

"这条清澈的河流……"史小龙夸张地叫道,"它沿着城市流淌,把城市的污水都排到海洋里面去了吧!"

"是这样的。"尤丝小姐笑着说,"如果沿着这条河流一直走下去,我们会离市中心越来越远的。"

"正好想探索一下,这条河流会把我们带到哪里去呢!"史小龙的好奇心特别强烈。

大家走过了一条沙土小路,临近运河的一边有一片红色的花格外显眼,尤丝小姐笑着说:"这是三角花。"

史小龙说:"怎么还有这么难听的花名,尤丝小姐,您也许不知道这花的名字,就这么顺嘴一说的吧。"

"怎么会呢,这花就叫三角花,又名'三角梅',原产于南美洲,是一种藤状的小灌木,花朵生长在顶部而且花朵很细小也没有香味。三角花之所以好看,就在于三个花瓣簇拥着三个较大的苞片一起生长,苞片呈椭圆形,颜色也各不相同,有紫红色、鲜红色、橙黄

色、乳白色等颜色。大片大片的三角花簇拥在一起，争相开放的情景，总会给人一种惊艳、热情的视觉冲击。"

"想不到尤丝小姐如此博学。"秀芬说。

尤丝小姐笑着说："也谈不上博学，只不过常在各地旅游，见得多，也听得多。"

大家就这样说笑着往前走着。后来看到在河流的对岸有一块场地，四周没有围栏，场地上只有一个篮球架。

"这是工厂吧？"秀芬猜测道，"但是工厂怎么会有篮球场呢？"

"也不像工厂。"史小龙看着远处一排不高的房子说。

拐进小路之后，又走了一段路程，大家才惊奇地发现：这里是学校。

往里面走了一会儿，大家看到一片绿草地旁有很多栋红色的教学楼。这些教学楼各不相同，各具特色。

"虽然早就听说过美国的学校没有围墙，但也不必如此开放吧？"史小龙完全不能理解这些"自由"的植物和建筑。

"这是开放式的，那我们何不进去看看呢？"帅帅建议。

"好啊，"卡尔大叔笑着说，"我正好想见识见识美国的学校。"

"阿洛哈！"一个小男生迎面走来，笑着跟他们打招呼，随后就走过去了。

"什么意思啊？"帅帅听不懂这是什么意思，挠头想着。

"这是夏威夷人的问候语，相当于我们说'你好'。"尤丝小姐笑着说，"这些孩子真懂礼貌……从他们的模样看来，这里应该是一所中学。"

几个人顺着小路继续往前走，在小路的一个拐弯处，看到了一群黑色皮肤的小孩子在玩耍，顺着他们跑去的地方看去，那里像是一个街头的小公园。

"这条路……"史小龙突然觉得特别熟悉，"好像是通往钻石山的方向……"

"呵呵，"卡尔大叔会心地点点头，"这条路就是通往钻石山的。"

"我们是不是要走出校园了？"秀芬奇

怪地问,"不会也没有校门吧?"

"这……在这里再正常不过了。"史小龙耸耸肩,"不要试图用我们的思想,来推断这里人的想法。"

"这个牌子?"秀芬彻底无语了,"我还以为它是站牌,这里是停公交车的地方呢!"

大家从学校的正面往市区的方向回走,路过城市体育馆,里面能看到很多的中学生在打橄榄球。再转弯,又是河流!这段路依然是来的那条路,河这边看风景,当然也不一样了,这边有幼儿园,当然也是没有围墙的,但有很多的钢丝网,小孩子们都在户外上课,也没怎么封闭。

河流沿岸其实是一个很大的公园,一大队的中学生正在这里跑步,估计是在上体育课。一群男学生突然涌向一只游艇,把放在游艇上的小舢板一只一只地抬到河边,两人分坐一只小舢板,欢快地划起船来。

"他们的教育完全是开放式的,"卡尔大叔感慨地说,"夏威夷的公共资源也能随意分享,像这些舢板。"

"哦!学校不设围墙,这种自由的现象……恐怕只有在这样的社会环境中才能出现!而且从小就培养公民的公德意识,这是一股强大的社会正能量!"尤丝小姐称赞地说。

知识百宝箱

外来物种夏威夷果

你吃过夏威夷果吗？这是一种香酥可口，有独特奶香味的食用坚果，素有"干果皇后"的美称。不过你可别被夏威夷果的名字骗了，其实它是土生土长的澳洲植物。

在很长一段时间里，澳洲土著都以为它是有毒的，因而不敢轻易食用。后来有个人误食了这种果子，他惊喜地发现它的果仁非但没有毒，口感还特别的好。从此，澳洲坚果的名声就传开了，被人引进到夏威夷岛上栽种，并制成美味的食品。

很快地，夏威夷果凭借它优质的口感俘获了无数美国食客的心。由于美国人以为它产自夏威夷，因此也就顺理成章地称呼它为"夏威夷果"了。

第10章 人间天堂火奴鲁鲁

"太好了，哈哈！"史小龙一大早就兴奋起来。

"发生了什么事情？让你如此开心！"尤丝小姐打着呵欠从卧室出来，其他几个人听到史小龙的笑声，也都赶了过来。

"我买到去火奴鲁鲁的票了！"史小龙从口袋里掏出五张车票，"还热乎着呢。"

"又不是第一次出去玩，"秀芬不解地说，"为什么要这么兴奋。"

"你说给一个美国人听，就知道效果了。"史小龙眨眼道。

"说什么？"帅帅挠挠头。

"你要是告诉他们，我们要去火奴鲁鲁，他们会特别羡慕！哈哈！就算他们是美国人，都不一定有机会去火奴鲁鲁呢！"史小龙特别兴奋。

"这很正常啊，中国人老说西藏的风光美得无法形容，真正能去西藏的中国人又有多少呢？"秀芬耸耸肩，"恐怕有的人一生都没有去过。"

"这就是我们幸运的地方啊！我们能去的火奴鲁鲁，就是所有美国人向往的地方！"史小龙终于说出了他兴奋的原因了。

"哦，火奴鲁鲁！"卡尔大叔终于听出点眉目了，"是的，是火奴鲁鲁，名字也好玩，不管是从色彩、还是从它呈现出来的状态，在整个夏威夷都是无法比拟的。去看了就知道了，它的建筑物、树木、天空，绝对会让你们流连忘返的。"

"有花朵吗？"秀芬的眼睛睁得大大的，"有什么花啊？"

"你绝对听都没有听过，"卡尔大叔笑着说，"天堂鸟花。"

"还真没有听过，"秀芬好奇的表情难以掩饰，"说来听听啊！"

"可能跟地处热带有关系，不管是什么植物，只要生长在这里，都会格外吸引人。色彩、形状，都是你之前没有见过的。"卡尔大叔说得一点儿也不夸张。

"那天堂鸟花呢？"秀芬对这个没有见过的花很感兴趣。

"夏威夷的花在全世界都是特别出名的，除了它的州花扶桑花以外，要问最美的花呢，人们一定会说是'天堂鸟花'的！这种花外形很大，远远看去，特别像一只张开翅膀就要飞走的鸟，它的花瓣有四片，把这四片花瓣组合起来，就像鸟的翅膀。"尤丝小姐说。

"那从这种花的颜色就可以猜出像什么鸟了。"秀芬能想到的问题，总是比别人多一些。

尤丝小姐平常不怎么爱说话，现在她却细心地介绍起天堂岛花，让大家对这种花卉有更多的了解："天堂岛花的花瓣颜色，不是整齐划一的：有的花瓣完全是黄色的，有的花瓣会有一些深橙色的边，还有的花瓣是深橙色外镶黄边；在四个花瓣组成的翅膀中间，长着一前

一后的两个紫色的花蕊，极像鸟的身体，脖子和头都有呢！还有米色和深橙色的蕊长在紫色花心的中间。

"你一定奇怪天堂岛花的'头'和'脖子'了吧？现在来揭晓答案吧！这朵花呢，被一个很硬的深绿色的花茎牢牢地托住，有深紫色或者是红色的线条镶在上面，茎的顶部，还长着一个像是斜坡一样的东西，这个斜坡的色彩特别丰富，有橙色、红色和紫色。这个斜坡把花朵托起，花朵本来就特别像是一只要腾飞的鸟儿，这样整体看起来，这个斜坡就像是'天堂鸟'飞向空中的跳板！"

"那叶子呢？叶子在这只鸟儿旁边，会不会显得特别不搭调啊？"秀芬真是个细心的女孩。

"叶子特别繁茂，又宽又厚，颜色是深绿色的，中间还有浅绿色和米黄色的花纹。你可能只能在夏威夷才能看到这样绚丽的花朵了，或者是这样的，这种花朵只适合生长在'天堂'里面，所以被叫做'天堂鸟花'了。"尤丝小姐笑着解释。

"这样听起来，火奴鲁鲁还真像是'天堂'呢。"秀芬满是憧憬，"我们早点收拾东西，准备出发吧！"

很多人都已经知道扶桑花是夏威夷的州花，但有很多人并不知道扶桑花的花语。鲜艳嫩黄的扶桑花，象征美好的爱情、微妙的美。在夏威夷，年轻的女孩，摘上一朵扶桑花戴在左耳边，说明她未婚，正向往美好的爱情；如果看到年龄稍微大一点的妇女戴着扶桑花，通常说明已婚，而且对婚姻满意。扶桑花的外表，一看就让人产生热情奔放之感！但不知道你有没有看到美丽的花瓣下掩盖着的花心呢？扶桑花的花心是由很多根小蕊组成，纤细的花蕊周围是美丽的花瓣，寓意是有热情的外表而不失细致的内心。

知识百宝箱

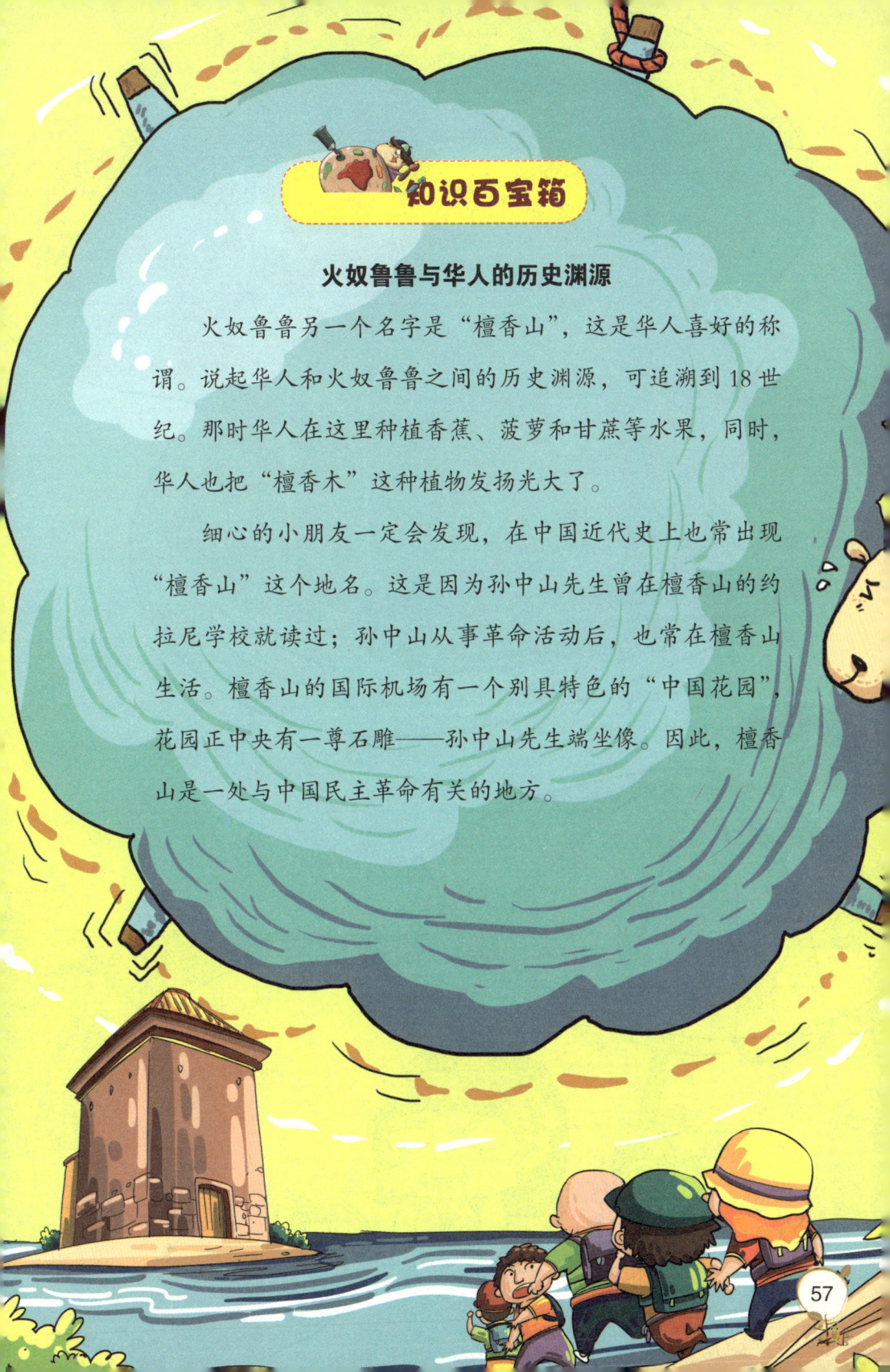

火奴鲁鲁与华人的历史渊源

火奴鲁鲁另一个名字是"檀香山",这是华人喜好的称谓。说起华人和火奴鲁鲁之间的历史渊源,可追溯到18世纪。那时华人在这里种植香蕉、菠萝和甘蔗等水果,同时,华人也把"檀香木"这种植物发扬光大了。

细心的小朋友一定会发现,在中国近代史上也常出现"檀香山"这个地名。这是因为孙中山先生曾在檀香山的约拉尼学校就读过;孙中山从事革命活动后,也常在檀香山生活。檀香山的国际机场有一个别具特色的"中国花园",花园正中央有一尊石雕——孙中山先生端坐像。因此,檀香山是一处与中国民主革命有关的地方。

第11章

夏威夷的色彩

"在檀香山,是不是不管走到了哪里,都能看到大海啊?"秀芬很好奇地问。

"是啊,我也想问这个问题。"帅帅凑过来,"你看我们来檀香山的这段时间,不管是站在山坡上,还是住在酒店里,只要站在高处往远方一望,毫无疑问,展现在眼前的,永远都是湛蓝湛蓝的海景。"

"是啊,特别美丽,"史小龙也凑上前来,"这时的心情格外地宁静,好像被海水冲刷过了一样。"

"哈哈!"卡尔大叔高兴地笑了,"就这,你们就满足了?"

"真羡慕那些长期居住在这里的人们!"史小龙看着远方说。

卡尔大叔眯眼看着远方,好像在讲一个特别遥远的故事:"每当周末的时候,这片金黄色的海滩上,聚集着来自四面八方的游人。在威基基、恐龙湾、汉娜乌娜玛贝湾,这些来散心的人们总会架起五颜六色的帐篷,谈话啊、嬉戏啊、游泳啊、冲浪啊……不管是坐着还是躺着,能在这里面对着壮阔的大海都是件幸福的事情。"

"谁说不是!我特别享受这里的海水、沙滩、阳光和色

彩，这里带给我很多说不出来的快乐呢。"帅帅也跟着说。

史小龙很舒服地靠着沙滩椅，眺望着远处的火山说："这里的山看起来也很特别呢！"

卡尔大叔笑了，用赞许的口吻说："你的眼力很不错呀！这里的山，可不是一般的石头山，它们都是火山熔岩形成的。"

"很多年以前，这里的火山喷出熔岩，这些熔岩冷却后，就变成了坚硬的岩石。"尤丝小姐补充了一句，"然而以后，又有新的火山喷出熔岩，这些熔岩把原来的火山岩石覆盖起来，冷却后又形成一层坚硬的岩石。就这样，火山不断地喷发熔岩，熔岩不断覆盖着以前的火山熔岩，冷却后火山岩石变得更大了。之后又有新的火山喷出熔岩……"

"哈哈！哈哈！……"史小龙、帅帅、秀芬都笑了，"我怎么听着，好像是在说绕口令一样！"

尤丝小姐不以为意，仍像是在讲童话故事的大结局一样："渐渐地，一座又一座小山，就这样出现了。"

"这么奇妙？"史小龙问。

秀芬若有所思地说："怪不得这些山的山石看起来特别有层次感，一层接着一层，远看，还以为是一层一层的台阶呢！"

"为什么这些山看起来层次鲜明，但一点也不平坦呢？"史小龙又提出疑问了。

"因为熔岩在不停地流淌啊！"卡尔大叔解释道。

"哦，原来是这样的……"史小龙好像明白了。

"这些有层次的火山，跟我们常见的山峰完全不一样，"卡尔大叔指着远处的火山说，"你们看这些颜色。"

"带些土红色，又带些深棕色，很特别。"帅帅歪着脑袋说。

"谁能想到，在很多年以前，这些山石竟然是炽热的岩浆呢！它们深深地埋在地下。难道地层深处都是深棕色的吗？"秀芬思索着。

"在地球的深处，全是高温熔融状的岩浆。在这种高温高压的环境下，构成物质的各种元素发生着剧烈的化学反应。一旦地壳有裂痕，高温高压熔融状的岩浆就会喷出来。由于火山岩浆具有不同的化学成分，而且岩浆冷却的环境不同，所以火山岩浆形成的山，有奇妙的颜色、奇特的纹理、奇怪的形状……总之，变成了现在我们看到的这片坚硬无比、颜色怪异的山石了！"卡尔大叔解释道。

"檀香山市内的地面是不是很高啊？"史小龙恍然大悟道，"原来这是因为大海包围着檀香山啊……"

"这逻辑……"卡尔大叔摇摇头,"讲不通。"

"檀香山虽然是处在大海的包围中,但公路纵横交错,汽车行驶起来很平坦,有时你会觉得是在山间盘旋。"尤丝小姐喝了点橘汁,"刚刚我们坐车过来时,你应该感觉到了啊?"

"是呢,有时候还能看到现代化的建筑群,就算它们隐藏在半山腰的丛林深处,还是被我们发现了。"秀芬高兴地说。

"嗯,我还注意到这里的公路网,弧形的路线一会儿升一会儿降的。"帅帅来了兴致。

"何止是公路网,来过的人都知道,坐在车上,一会儿能看见苍翠的森林,一会儿又只能看见罩住山顶的烟雨。"

"呵呵,窗外变幻莫测的山景,只能说明一个问题:市内的地面起伏不平。"尤丝小姐总结道。

"对了,你们有没有看到一片特别别致的建筑群?"史小龙像是突然想起了什么发问道。

"你说的可是树林中间突然出现的那片很古典的建筑群?"秀芬反问道。

史小龙点点头。

"嗯嗯，我也看见了，是西班牙风格的古典建筑物！"秀芬强调着说，与此同时，他看到了卡尔大叔脸上赞许的表情。

"还有摩天大厦！还有一些平房和二三层的小洋楼，"尤丝小姐插话了，"它们代表了现代主义。"

"呵呵，你们难道没有注意到'彩虹大楼'？"卡尔大叔笑着问，"就是外墙上涂着七种色彩的大楼。"

"是红、橙、黄、绿、青、蓝、紫七种颜色吗？"史小龙猜测。

大家都努力回忆着，慢慢才想起"彩虹大楼"，其实就在夏威夷中国城的附近。这种色彩斑斓的建筑，估计只有在夏威夷才能看到。

第12章 太平洋国家化漠

"我们要去哪里?"秀芬喜欢游必有方,一出门就问。

"去太平洋国家公墓。"尤丝小姐回答。

"去看公墓?旅游者一般不会去这种地方吧?"秀芬继续问。

"去了你就知道,太平洋国家公墓在檀香山港区的北岸,位于距离檀香山150米的蚌区火山口。"尤丝小姐说。

"蚌区火山口?"史小龙觉得这个地方特别有意思。

卡尔大叔神情严肃地说:"蚌区火山口是一处死火山区,这里不仅仅安葬着在第一、二次世界大战中牺牲的士兵,还有在朝鲜战争、越南战争中牺牲了的战士和参加过这些战争的老兵。"

车子慢慢地进入墓地,围绕着山路慢慢往上行驶,平坦、安静的大道旁边是大片大片的嫩绿、平整的草地。

"这里居然有高尔夫球场。"帅帅吃惊地说。

"是啊,也没有看见竖立的墓碑。"史小龙特别惊讶。

车子开进陵园，几个人下车，徒步走近墓碑。只见一些大大小小的墓碑安静地躺在草坪上，碑文很简单，只介绍了死者的名字、生卒和信仰。

偶尔会有人来这里，手里捧着一小束鲜花来祭奠，估计是死者的家属或朋友。巨大的树冠，像是守护着在这里安息的灵魂。整个公墓显得宽阔、宁静而肃穆。

"这里没有悲怆，也看不到死亡的阴森和恐怖，"卡尔大叔平静地说，"不知道你们感觉怎样，我觉得这里宁静而安详。"

"他们的灵魂是安宁的吧，"尤丝小姐说，"这样的地方，能让他们安息的。"

"神圣的荣耀都归于你们，因为你们为自由付出了巨大的代价。"帅帅一字一顿地念着。

大家都抬头，见公墓正堂中央的上方，有一尊高大的哥伦比亚女神雕像。帅帅正站在女神雕像的前面，念着基座上的一排文字。

"哥伦比亚女神像，"卡尔大叔介绍说，"是夏威夷州的土地婆、守护神。"

"帅帅刚刚念的那句话，挺让人感动的。"秀芬认真地说。

"这句话刻在这里，真的很贴切！"尤丝小姐深有感触地说，"这是林肯总统演讲中的一句话，而林肯又是美国最伟大的总统之一，当然不一样啊！"

"这上面还刻着很多官兵的姓名呢！"史小龙指着两边的墙壁，墙壁的大理石上刻满了人名。

"这些可能是那些在战争中阵亡了，却没有办法把他们的遗体运回来的将士的名字，"卡尔大叔语气沉重地猜测，"也可能是一些无法找到遗体的将士的名字。"

"你们看这后面的回廊！"秀芬指着女神像后面的回廊说。大家走过去，仔细观看刻在回廊柱壁上的小字，上面介绍了一些大战役的实况。

回来的路上，大家都没有说太多话，也许是想到战争带来的影响吧。战争的性质是复杂的，对于战争牺牲者来说，战争带给普通人的永远是灾难，是家庭的破裂；留给幸存者的，是永恒的悲痛！

第13章

到了威基基海滩，才算到了夏威夷

"你狂拍的功夫越来越深厚了啊!"史小龙跑到秀芬旁边说。

"卡尔大叔说过,只有到过威基基海滩,才算到过夏威夷。"秀芬边按快门,边和史小龙说话。

帅帅揉揉惺忪的双眼,凑上前来说:"可是一大早的,有什么可以拍的呢?"

"真正的摄影师就是在清晨和傍晚拍照的!"秀芬说,"不然怎么能拍到威基基海滩的静谧和安详呢!小孩子不懂,莫乱说话!"

"嘿,你们在干什么呢?"尤丝小姐穿着运动装,显然是刚跑步回来。

"拍照呢。"秀芬一刻工夫也没有闲下。

"卡尔大叔呢?"尤丝小姐四处都没有看到卡尔大叔的身影,"他说要来威基基海滩好好享受一下,这倒好,人都不知道去哪里了!"

"喂,卡尔大叔,"帅帅跟迎面走来的卡尔大叔打招呼,一边转过身来对着尤丝小姐,"在那儿呢。"

"嘿嘿,叫我了?"卡尔大叔

手里拿着一株不知道从哪里采来的植物，笑盈盈地走过来。

"威基基海滩，我们该从哪里开始逛啊？"尤丝小姐皱着眉头。

"这个简单，整个威基基海滩，东面从钻石山下面的皮欧尼拉公园开始，西面到阿拉威游艇码头，算下来大概长1000多米。"卡尔大叔分析说。

"1000多米？"帅帅挠挠头，"据说这里接待每天的游客有上万人次，都在1000多米之内活动吗？"

"呵呵，最精华的地段，是从丽晶饭店到亚斯顿威基基海滨饭店之间的那个区域，大概有三四百米。"卡尔大叔笑着说。

"这么小的地方，会有那么多的游客？"帅帅显然很吃惊。

"不然怎么说威基基海滩是个特别吸金的地方呢！"史小龙插话了，"这里每年的观光收益，你们知道有多少吗？好几十亿美元！"

"这样计算的话，威基基海滩的收入，几乎占了夏威夷全州的观光收入的一半了。"尤丝小姐顺着史小龙的话，心算了一下。

"嘿嘿，因为这里是个充满活力、充

满激情的地方。"卡尔大叔笑着说。

"为什么叫做'威基基海滩'啊?"秀芬放下相机,向卡尔大叔提问。

"喷涌之泉。"卡尔大叔说得很神秘,大家摸不着头脑。

原来,"威基基"在夏威夷语中的意思是"喷涌之泉"。

"这里很早以前不是这样的吧?"史小龙提出疑问了。

通过尤丝小姐的介绍,大家才明白,在很久以前,这里是夏威夷王族的嬉水领地。此外,当时的夏威夷人也在这里农耕。1778年,英国探险家库克船长发现了夏威夷。20世纪20年代时,威基基的积水被全部排干,沼泽都变成了干地。据说是为了修建阿拉怀运河。

"到20世纪60年代,像是刮起了一阵风一样,美国的中产阶级特别青睐威基基,都到这里投资、发展,大规模地开发旅游资源,兴建了不少酒店。威基基就这样迅速地发展起来了。到现在,全世界的人都知道威基基这块旅游胜地了。"卡尔大叔说。

"对了,卡尔大叔,你刚刚说到钻石山……"尤丝小姐突然想到了今天的旅游安排。

"哦，呵呵，"卡尔大叔托了托眼镜，指着远处的一块像蓝宝石一样闪闪发光的岛屿，"在这里就能看到钻石山，你们可能没有太在意，快看那里！"

大家顺着卡尔大叔手指的方向看去。

"哇！那里也是库克船长发现的吗？"尤丝小姐被钻石山的熠熠光辉吸引了。

"当然，"卡尔大叔神秘地说，"当时库克船长都被这样的美景惊住了，晚上回去休息时，他还觉得眼前的一切东西都在冒着蓝光呢！"

史小龙觉得特别好笑："所以就叫它为钻石山了？太好笑了，它有多高啊？"

"200多米。"卡尔大叔回答道。

"那上面好像一个火山口啊！"帅帅特别仔细地看着钻石山。

"是的，这个火山口是在10多万年前形成的，到19世纪初，这个火山口还被用作军事观测台呢！"卡尔大叔继续讲着。

"这座山挺好的。"秀芬一边拍照一边喃喃自语，"在这里徒步旅行是一种享受，他们说等到了山顶，没准还会有惊喜的发现，会有什么发现呢？"

"难道能看到整个威基基？还能看到欧胡岛的东南岸？"史小龙也在猜测。

还是让我们先来了解一下史小龙说的欧胡岛吧。

美国夏威夷群岛中排名前三位的火山岛——火奴鲁鲁、珍珠港和威基基，都属于欧胡岛行政区管辖。这里以旅游、军需服务、菠萝和糖为主要经济项目。同时，欧胡岛也成为夏威夷群岛的政治、文化和经济中心，是夏威夷最重要的区域。

"去看看就知道了！"尤丝小姐激动地朝钻石山走去，还不停地招呼，"大家快跟上啊！"

知识百宝箱

威基基海滩上的娱乐

在风景优美、热情四射的威基基海滩上,有着许许多多让游客乐不思蜀的娱乐活动。如果你喜欢与大海嬉戏,那你简直是来对了地方。在威基基海滩上,你不但可以自由自在地游泳,也可以潜到水下,与这里的各类海洋生物们打个招呼。在这之后,有些困倦的你就可以躺在美丽的沙滩上舒舒服服地晒上一个日光浴了。

当然威基基可以玩乐的地方可不仅仅只有大海,这里还有风景怡人的卡皮欧拉尼公园,为何不在一个阳光明媚的午后,与家人一起来一次真正的野餐呢!

日落时分,这里还会上演一场热闹的派对。来自不同地域的人们可以抛开一切烦恼,一起开启香槟,围在一起跳着舞蹈。当然,你也可以选择一些有情调的酒吧,静静地品着美酒,听着富有地方特色的音乐,也是美事一桩。

第14章 日落下的威基基

经过了一天的折腾,大家都有一些累了,秀芬和尤丝小姐却一点也不觉得累。她俩是购物狂,把买来的东西往酒店一扔,又携手出去购物了。

"咱们去游泳吧!她们不在,也没有人监视我们,真是天赐良机啊!"史小龙终于说出了埋藏已久的心里话。

"哈哈!"卡尔大叔已经拿出了沙滩装,"没有哪里比在这里游泳更方便了!"

"是呢!"帅帅一边换衣服一边兴奋地说,"楼下就是威基基海滩!"

三人一拍即合,很快换好衣服,到海滩已是夕阳西下了。

"我们可以享受威基基海滩的黄昏呢!"卡尔大叔的拖鞋踩到沙滩上,发出"咯吱"的摩擦声。

海水清澈见底,帅帅说在水中睁开眼睛还能看到鱼儿在身边游

动呢！三个人一会儿在海里游泳，一会儿上岸走走，走一会儿又回到海里游泳，卡尔大叔说这种悠闲的日子，和之前的狂野型的旅行完全不同。史小龙哈哈大笑，说最重要的是在这里能够彻底放松。

夕阳的余晖洒在热闹的海滩上，四处洋溢着欢乐的氛围。

"如果把旧金山金门大桥下的日落也算上，还有加州一号公路旁的日落，这是我们第三次正式看日落了！太阳正在一点一点地靠近太平洋……"卡尔大叔微笑着说。

"再一点一点地坠入太平洋。"史小龙紧接着说。

"不过……"帅帅现出一丝异样的神情，"在这里看日落，好像没有什么心思去想太阳会从什么地方升起之类的事情了……"

"呵呵……"卡尔大叔猜到了帅帅的心思，他转身看看马路上灯红酒绿的音乐场所，又回头看看沙滩上依然在玩耍的孩子们，这种场景怎么能让人沉静下来呢？

"我们也加入其中吧！"史小龙眉飞色舞地建议，"来到这里，就尽情享受这里的愉快氛围吧！"

卡尔大叔和帅帅当然连声同意，三人扭身加入夜市欢闹的人群中了。

这里实在有必要说说威基基海滩：

威基基海滩在全世界都很有名。这里的气候四季如春，阳光、空气、海滩都很怡人。海岸铺满的白色细沙是从远处精选后搬运过来的，不像其他地方的沙子那样扎脚，比起一般的海边沙滩更加柔软、舒适。走在海滩上，湿润的海风迎面扑来，让人感觉心情舒畅，好像自己全身心地置入了一个大氧吧。岸边的椰子树不知疲倦地摇曳着，给这里的风景添加了一丝惬意。

知识百宝箱

旧金山金门大桥

　　金门大桥伫立在美国的加利福尼亚州的金门海峡上面，在美国乃至世界上都享有盛名。旧金山金门大桥的建筑耗资也是非常惊人的，这座大桥由设计师施特劳斯主持，从设计到施工、建成花了整整4年的时间，光是钢材都用了10多万吨。可能是因为"好事多磨"，这么多人力、物力、时间当然也花得很值，旧金山金门大桥后来被评为了近代桥梁工程上的一项奇迹。1997年的时候，英国和美国两地著名导演在这里合拍了纪录片《旧金山金门大桥》，有兴趣了解的朋友，可以找来看看。

第15章

15 像一头卧兽似的钻石山

大伙走在一片长满椰子树的小道上，远处不时有几辆观光旅游车驶过。这些观光旅游车装饰成中世纪拉铃观光车的风格，看起来也很有趣。一些观光者穿着五彩缤纷的夏威夷衫，在人行道上漫步。

"前面就是著名的钻石火山了。"尤丝小姐指着远处说。

路过威基基海时，几个人不禁回头看看威基基海滩，依然那么热闹，各种肤色、穿着比基尼泳衣的人，有的在游泳，有的在晒太阳。

秀芬停下了脚步说："我怎么觉得这钻石火山，从侧面看就像一头卧着的猛兽。"

卡尔大叔也停下，仔细地看了看远处的钻石火山："咦，还真的像一头卧着的猛兽，静静地趴在欧胡岛上！"

"之前听说这里有'恐龙湾'，是这里吗？"帅帅挠挠头，"恐龙也是怪兽啊。"

"不，那是另一个地方。"尤丝小姐笑着解释道，"不过，'恐龙湾'离这里也不算远。"

"我觉得这个怪兽不像恐龙，倒很像老虎呢！它的身上有20几道沟壑，像是老虎身上的斑纹，特别清晰、有秩序，像是被梳理过一样。"秀芬越来越觉得钻石火山像一头卧着的猛兽了。

　　大家说着笑着,很快就走到钻石山的观景台。上了观景台,整个钻石山的景色突然变得立体起来,和刚刚远望"巨兽"时的感觉完全不一样了。草色是淡绿的,树叶是深绿的,中间夹杂着褐色的树干。整座山看起来十分和谐。在海和山相接的地方,云彩也变蓝了。海的深蓝加上天的淡蓝,衬托着山的葱绿,没有什么风景比这里更让人留恋了。

　　"钻石岛真是太美了!"帅帅情不自禁地感叹。

　　"呵呵……钻石山是欧胡岛的标志,同时也是夏威夷的象征。"尤丝小姐热心地介绍,随即又看到一边发呆的帅帅,"我之前介绍过钻石火山,你还记得吗?"

　　"当然,"帅帅很自信地点点头,"钻石火山是夏威夷的一个死火山口,是在10多万年以前的一次火山爆发以后形成的。"

　　"嗯,"尤丝小姐用赞许的眼光看着帅帅,"还有呢?"

　　帅帅一口气说了几个钻石火山的故事,大伙都对他有这么好的记忆力感到特别惊讶:"据说,第一个发现夏威夷群岛的是英国的库克

船长。他在这里登岸后,在那个夜晚,看到整个山头都冒出蓝光,就好像是蓝宝石在闪闪发光。他当时还误以为这里是一座钻石矿山,钻石山也就这样得名了,一直被沿用到了现在。"

"库克船长的故事就这些吗?"史小龙总喜欢提出质疑。

"库克船长曾经也想过开采钻石山……"

"这个想法挺好啊,"史小龙兴奋地说,"没准钻石火山还真的是一座特别的矿山呢!"

"后来,库克船长知道钻石山是火山熔岩积压沉淀形成的,熔岩的硬度和钻石一样。"尤丝小姐讲得特别认真。

"就这样打了退堂鼓了?"帅帅特别不解。

"先不说开采起来有多么费力了,光是存在被熔岩击中的危险,就足以让每一个对它有企图的人望而却步了。"尤丝小姐摸着脚下的一块岩石说道。

"这钻石火山真是庄严、神秘,令人心生敬畏!"秀芬说。

"到了晚上,风景会更有味道呢!"尤丝小姐说得一点也不含糊,"钻石火山就像睡着了的狮子一样,特别安静。"

"但晚上过来,什么也看不到呀!面对一个黑色狮子形状的东西,能看出什么乐趣来呢?"帅帅有些不相信。

"当然不是黑漆漆一片了,"尤丝小姐笑着说,"有很多像星星一样的霓虹灯,错落有致地点缀在钻石火山的周围。"

"哇……"秀芬满脑子想象着尤丝小姐所描绘的景象。

"几条用灯光组成的光链,形成了一束巨大的光的波浪,沿着山的走向很有规律地照射着……"尤丝小姐绘声绘色地描述着。

"小道旁的两边,也有直线光链呢!"秀芬指着刚刚经过的长满椰子树的小道。

"嗯嗯,"尤丝小姐连连点

头,"小道旁的两条直线光链,和山尾右侧的放射形光链加在一起,形成一副特别美的光和影的图案。"

"你们把这只'卧着的野兽'完全美化了!"卡尔大叔笑着说。

恐龙湾可是让人欢喜让人忧的地方,这里先说说它吧:

恐龙湾被附近的高山紧紧地包围住,形成了一个封闭的海滩。来到绝妙的夏威夷,又有恐龙湾这么一处圣地,当然让人欢喜了。别说嬉戏和潜水了,单是过来看看这里的珊瑚礁石和热带鱼类,也足以让人欢喜了。但来这里的人,都会看到这样的温馨提示:记得备好防晒霜;潜水的时候,带好眼罩。哎,苦了爱美的女孩了,至少要防晒指数在 30 以上的防晒霜。男同志们也别只顾着偷笑,下水之前记得把自己全副武装起来,因为这里的海水,不是一般的咸哦,触礁的时候得万分小心了,不然划伤了手脚,再加上咸咸的海水,这滋味就真的是"伤口上撒盐"了。不过,让人忧愁的因素始终无法阻挡人们前来游玩的脚步,这就是长得像恐龙的恐龙湾的魅力所在。

知识百宝箱

钻石矿

从已发现的金刚石矿来看，都是位于一个几千万年前形成的古老火山口中。火山口如同垂直向下的"管子"。在几千万年前，岩浆沿"管子"上冲，因火山口被不明原因所堵，上升的岩浆在极其巨大的压力下冷却。其中有少量纯碳在高温高压下结晶，成为金刚石。含金刚石的岩石因第一次在金伯利的火山岩管中被发现，故取名"金伯利岩"。在漫长的年代中，岩管中的金伯利岩受到风化破坏，变成一种蓝色的泥土。金刚石便藏在这些蓝土中。流水会把风化岩石变成的砂石泥土搬运到河流中，其中也有一些金刚石沉积在河床或河滩上，这是金刚石"冲积砂矿"。残留在火山管道中原地未动的蓝土，其中含有很多金刚石，这叫做"残积砂矿"。蓝土中金刚石的含量很低，4吨蓝土中才有1克拉金刚石。

第16章

封闭的海滩——恐龙湾

"你怎么也起得这么晚啊？"卡尔大叔揉揉眼睛问尤丝小姐。

尤丝小姐睡眼惺忪，迎面看到卡尔大叔，条件反射地挠挠头："呃，昨天玩得太晚了。"

"是呢，我一觉醒来就很晚了。"卡尔大叔说着，又打了一个呵欠。

尤丝小姐顿时能够体会到卡尔大叔的心情了："呵呵，估计他们也都刚刚起来。"

"今天打算去哪里呢？"卡尔大叔问。

"昨天大家都玩得很高兴，起床又晚，不如就近看看吧。"尤丝小姐回答。

"就近是多近？"卡尔大叔想知道尤丝小姐的真实想法。

"我已经问过大堂经理了，他说离这里最近的地方是恐龙湾。"尤丝小姐说。

"恐龙湾？"卡尔大叔重复道。

史小龙不知道什么时候出现在门口，秀芬和帅帅也乐呵呵地站在他的身后。

"你们都起床了？"尤丝小姐笑着问。

"嗯，起晚了，真不好意思。"秀芬不好意思地挠挠头。

帅帅问："刚才听你们说，要去恐龙湾？是真的吗？"

尤丝小姐看着帅帅说:"打算去恐龙湾。离这里不远,在威基基海滩东边约10千米处。"

卡尔大叔随口说:"你都打听清楚了,离这里还真不算远,我们今天就去那里看看。毕竟也是夏威夷一处著名的旅游景点。"

"这个海湾正好处于附近高山的紧紧包围之中,是一个封闭的海滩,来夏威夷观光的游客都喜欢去恐龙湾嬉戏、潜水。"尤丝小姐说。

"哈哈,潜水!我最爱的运动项目。"史小龙高兴道。

"恐龙湾的水很浅,浪也不大,鱼特别多,风景更是美得无话可说了。"尤丝小姐继续说。

"有鱼!"秀芬兴奋得拍起手来。

"还有各种各样的珊瑚礁石和热带鱼类,这些珊瑚礁石和热带鱼类可是纯天然的哦。"尤丝小姐说到这里也笑了。

"太好了!真是个好去处。"帅帅连连点头。

"除这些以外,恐龙湾的海水也十分清澈。岛的东南边还有漂亮的珊瑚礁,这里可是鱼儿们的天堂。"尤丝小姐越说越起劲,好像恐龙湾是她的故乡,夸起来没完没了的。

"呵呵……"卡尔大叔笑了。

"恐龙湾也保留了许许多多珍贵的海洋资源,被评为国家级的生态保护区。"尤丝小姐继续说。

"哎呀,我已经迫不及待了!"史小龙催促尤丝小姐赶快动身。

大家各自回房,简单收拾一下,又很快出来,坐车出发了。汽车驶过威基基海滩,不久便来到大学路口,往右拐上了高速路,驶了不到 20 分钟,就到了大家向往的恐龙湾了。

"怎么回事?"卡尔大叔见路口停着好多车,便伸着头,边看边问。

"哎呀!不好,我们来晚了,路口被堵上了。"尤丝小姐回答。

"那不是不能进去了?"秀芬担忧地问。

"现在是,所有的车辆只能出来不能进去。"尤丝小姐如实说。

"啊?那我们怎么办啊?"

"要不,咱们继续往下开,看看前面会不会有停车的地方?"卡尔大叔建议。

尤丝小姐紧握着方向盘,一心想在前面找到停

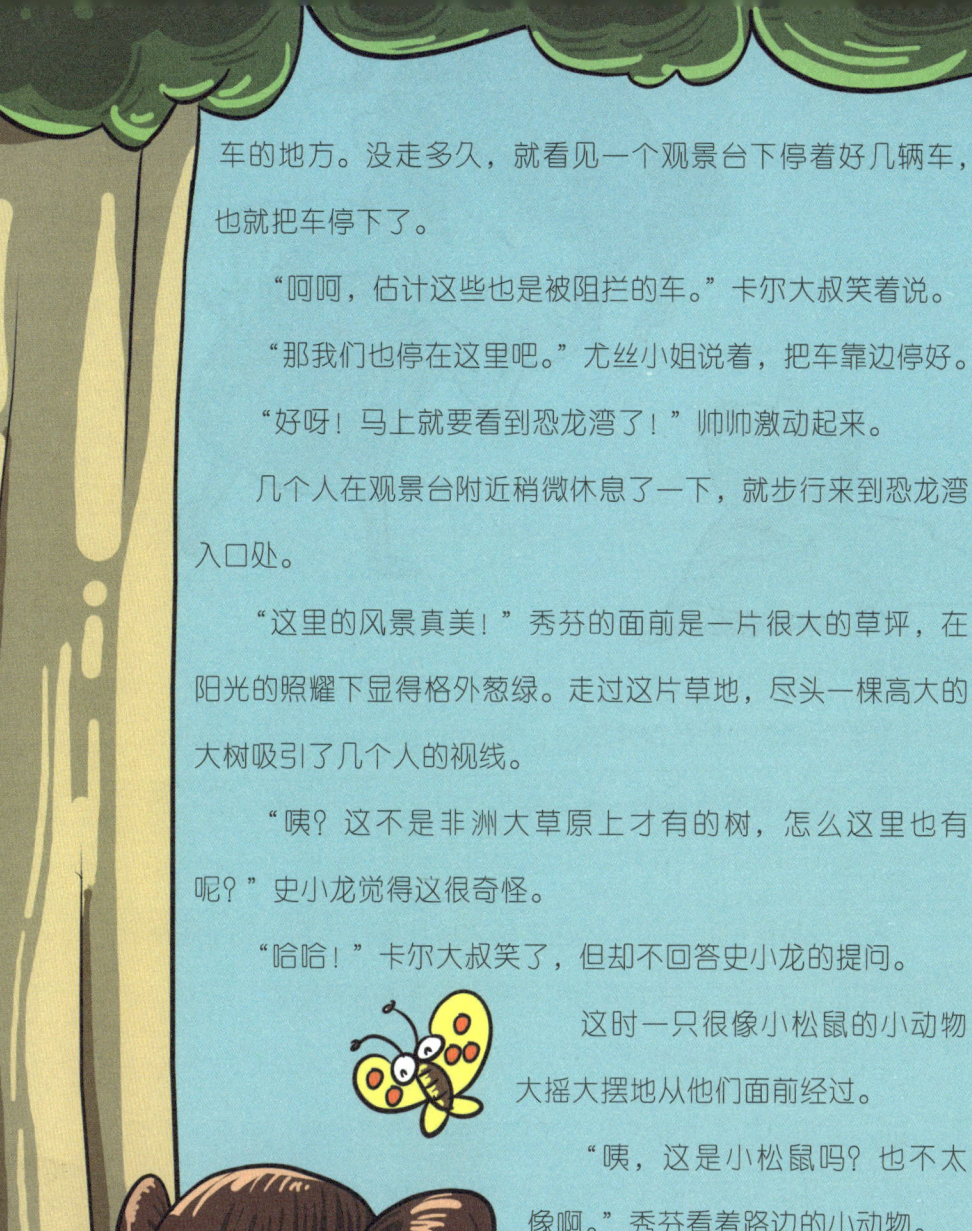

车的地方。没走多久，就看见一个观景台下停着好几辆车，也就把车停下了。

"呵呵，估计这些也是被阻拦的车。"卡尔大叔笑着说。

"那我们也停在这里吧。"尤丝小姐说着，把车靠边停好。

"好呀！马上就要看到恐龙湾了！"帅帅激动起来。

几个人在观景台附近稍微休息了一下，就步行来到恐龙湾入口处。

"这里的风景真美！"秀芬的面前是一片很大的草坪，在阳光的照耀下显得格外葱绿。走过这片草地，尽头一棵高大的大树吸引了几个人的视线。

"咦？这不是非洲大草原上才有的树，怎么这里也有呢？"史小龙觉得这很奇怪。

"哈哈！"卡尔大叔笑了，但却不回答史小龙的提问。

这时一只很像小松鼠的小动物大摇大摆地从他们面前经过。

"咦，这是小松鼠吗？也不太像啊。"秀芬看着路边的小动物。

"美国人把这种小动物叫做'高非儿'，样子有点像松鼠，却不是松鼠。"卡尔大叔若有所思地说。

"尾巴这么长，拖在身体后面，走路时一定很累。"秀芬猜测道。

"嘿，它在看着我们呢！瞧它那机灵样！"帅帅指着一个"高非儿"大叫道。

"它怎么都不怕我们啊？还在大摇大摆地寻找食物，完全忽视我们的存在啊。这岂不是目中无人吗！"史小龙嘟哝着说。

"哈哈哈！"大家都笑了。

进入景区以后，大家在一个放映厅的门口等候着，来玩的游客都必须看完录像以后才能去沙滩戏水。这是用影像资料向游客进行安全教育。不过，等候的时间并不长，录像也很快看完了。出来时，帅帅高兴地说："恐龙湾太适合游泳了，呵呵，水很浅。"

"只有游泳技术不好的人，才喜欢在很浅的地方淌水玩。"史小龙故意这样说。

"海水真是清澈见底。"卡尔大叔试图转移话题。

史小龙早就等不及了，很快戴上潜水镜，一头扎进了海里，其他的人都在岸边观望。

不一会儿，史小龙的脑袋浮出水面，兴奋得不得了。

"我看到了各种各样的鱼，在我的周围自由自在地游动……"

"海水真的很浅吗？"帅帅早就换好了泳装，迟迟不敢下水。

"真的很浅，"史小龙擦了一把脸上的水，"但是，海底会有很多褐色的珊瑚礁，你得小心哦，如果不小心踩上去了，可能会划伤脚哦。"

"好的，我会小心的。"帅帅小心翼翼地靠近水边。

"嘿，海水真咸呀，我可没少喝呀！"史小龙故意逗帅帅说。

"呵呵……"秀芬看见史小龙旁边有一个游客，虽然小心翼翼地

趴在冲浪板上，还是被海浪冲到了珊瑚礁那边，好像他的脚被划伤了。

"不要笑！"尤丝小姐皱着眉头，"如果被珊瑚礁划伤了，再碰到海水，那伤口会很疼的。"

"要不，我们趴在充气垫上下海？"秀芬用试探的口气问。

"那你得小心了，"卡尔大叔早就换好泳装了，"慢慢地游，免得被海水冲走了。"

"来这里游泳的人们不能戴隐形眼镜"尤丝小姐耐心地说，"这地方，如果戴隐形眼镜，眼睛会被海水弄疼的。"

"原来是这样！"秀芬趴在充气垫上，一副就要"出海"的模样。

第17章 冒乌纳罗亚山与珠穆朗玛峰的高度较量

"我们为什么来这里，还要坐飞机，这不是很麻烦吗？"秀芬特别不理解这样的行程安排。

"这不奇怪吧？"史小龙凑到秀芬的旁边，"在威夷群岛之间穿梭来往，都要乘飞机。"

"可是……"秀芬看着眼前陌生的希洛机场，特别迷茫。

"我们是要去火山国家公园呢，希洛机场是距离火山国家公园最近的一个机场。一般人过来，都得从希洛机场出发。"尤丝小姐似乎看出秀芬的疑问。

"火山国家公园？"史小龙来了兴趣，"是不是像它的名字一样，这个公园里面还有火山呢？"

"是啊，快给我们说说火山国家公园吧！"帅帅也来了兴趣。

"火山国家公园，它在大岛的东南边，冒乌纳罗亚火山和奇劳威亚火山都在这个公园里面，这两座山是全世界最活跃的活火山。"卡尔大叔走上前来。

"哇，活火山！"史小龙想着曾在电视上见到过的火山喷发的模

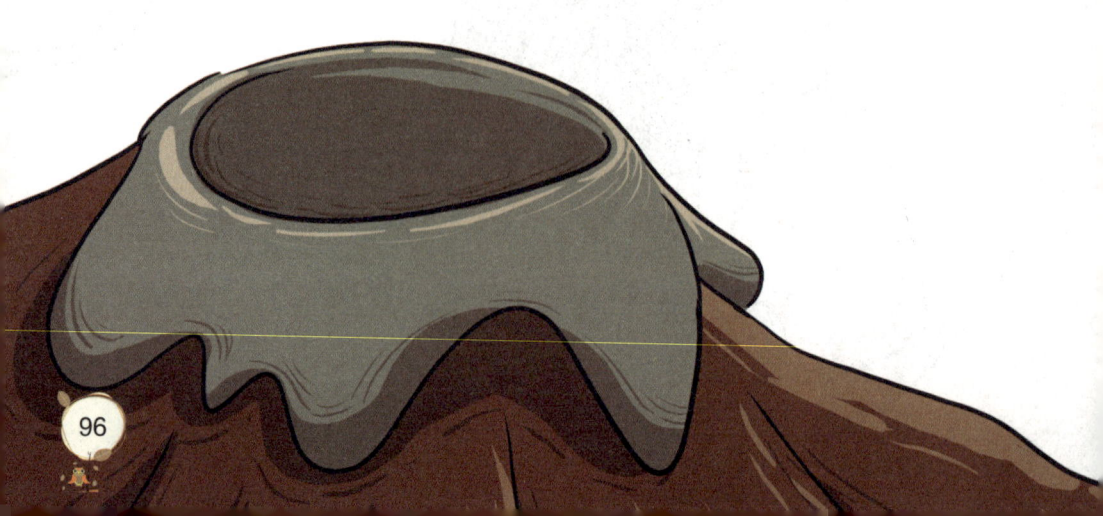

样，不禁打了一阵冷战。

"冒乌纳罗亚火山大概是在 40 万年前露出海平面的，截止到现在，这座火山至少喷发了 70 万年了。但这只是推想，没有实证依据，在那里，已经发现的最古老岩石的年龄不超过 20 万年。"尤丝小姐接着卡尔大叔的话继续说。

"冒乌纳罗亚山？"帅帅说，"这个名字，头一次听说。"

"我也是第一次听说这个山峰。"秀芬也这样说。

"我们以前学习过的科普常识中，常常会说世界上最高的山峰是喜马拉雅山脉的珠穆朗玛峰……"卡尔大叔引导着说。

"难道不是吗？珠穆朗玛峰的海拔高度 8848.86 米呢！"史小龙从来不会怀疑这个事实，"当然是世界上最高的山峰了！"

"那要看怎么测量了！"卡尔大叔笑了笑。

"怎么测量？"史小龙不明白卡尔大叔的意思，"测量山峰的高度，不都是按照海平面到山顶的距离来测量吗？"

"如果按照从山脚到山顶的垂直高度来测算的话，夏威夷的大岛就是世界上最高的山脉了。虽然冒乌纳罗亚山的海拔高度只有 4170 米，如果从海底的山脚算起，冒乌纳罗亚山高度则有 9300 多米！用这个数字来比较的话，冒乌纳罗亚山绝对是世界上最高的山峰了。"尤丝小姐笑着解释。

"这是真的吗？"史小龙一时半会儿还是无法相信。

"最高峰不是珠穆朗玛峰，这种说法无论是说给谁听，估计他都不会相信的。"秀芬也有些不知所措了。

"我们来说火山吧！"史小龙实在不想纠结这个问题，便改了话题，"卡尔大叔，您刚刚说这是'最活跃的火山'，是什么意思啊？"

"呵呵……"卡尔大叔又笑了，"活火山相对于其他的火山来说，更容易看到红色的火山熔岩。"

"要是能够到海底看看才妙啊！"尤丝小姐特别兴奋地说，"可以看到炽热的熔岩和冰冷的海水接触时激起的巨大海浪，同时也能够看到升腾的水汽。"

"真希望飞机能够快点飞！"史小龙早就有些等不及了，"这样就能早点看火山了，还是活的火山呢！"

知识百宝箱

火山上面有植物吗？

　　和沙漠一样，说到火山，很多人的第一反应都是寸草不生。如果你也是这样的反应，那就错了。想一想：夏威夷光是靠着几座光秃秃的会喷火的山，能吸引这么多的游客吗？大家又不是苦行僧，没事找这份罪受？这样推测的话，问题就来了，不让火山光秃秃的，植被当然是大功臣了。但是在火山上种植植物……这不是一般的困难。人类就是爱思考的动物，有困难当然得想办法解决啊，于是，"营养液"就应运而生了。人们把营养液注射到草坪和铜棕树里面，它们就和土地上生长的植物没有什么两样了，后来经过了研究和改良，金芙蓉也能在这样的环境下生长了。

第18章

在国家火山公园等待天黑

想着就要看到炽热的熔岩从火山中迸发出来的情景，这群人都激动得不行，吉普车一路狂奔，很快就到了国家火山公园。

可是没过多久，大家就发现情况不妙了。

"老天要和我们作对。"史小龙看着淅淅沥沥下起的小雨，有些失望。

"刚刚在游客中心了解到，由于风向的原因，海风已经将熔岩散发的有害气体吹到观景平台上，观景平台都关闭了。"尤丝小姐气喘吁吁地说。

"那……什么时候能开放啊？"秀芬着急地问。

"什么时候能开放，看老天爷了……"尤丝小姐有些无奈地说。

"今天估计是没戏了！"史小龙看着小雨，不停地叹气。

这次旅程非常遗憾，大家没有亲眼见到流动着的熔岩，只能站在观景台的外面，看一大片黑色的、寸草不生的土地。

"这是冷却后的火山岩石。"卡尔大叔指着远处的山头，依稀也能看见地热口，地热口的热气从地底冒出来，烟雾弥漫在了整个火山周围。

"哇！这里还有个火山溶洞！"史小龙像是哥伦布发现新大陆一样的激动。

"这是瑟斯顿熔岩隧道。"卡尔大叔真是博学，无论大事小事，都能说得明明白白的。

"是火山的熔岩形成的隧道吧？"帅帅记得，他曾经在一本书上看过有关熔岩隧道的描述。

"嗯。"卡尔大叔的视线无法从熔岩隧道离开。

"但火山的熔岩，明明是流体，怎么会形成隧道呢？"秀芬又提出一个新问题。

"火山的熔岩迅速从山顶往下滑，因为最顶端和两侧的表面很快就冷却了，这些冷却了的熔岩便形成一层外壳，但熔岩里面的温度依然很高，它们会继续流动，一直流到海岸。久而久之，就形成了一条隧道。"卡尔大叔特别耐心地解释道。

"哇，那边还有绿色的像小羊的牙齿一样的植物！"史小龙总是这么善于发现。

"这种植物的生命力可顽强了，隧道口的外面已经长满了这种植物！"尤丝小姐指着远处的隧道口说。

"熔岩隧道能参观吗？进去会什么样？"秀芬的问题好像永远问不完一样。

"虽然熔岩隧道里面安装了照明系统，熔岩隧道也不是很长，"卡尔大叔皱着眉头说，"但走在熔岩隧道里面还是觉得阴森可怕。"

"肯定会觉得阴森可怕的！"秀芬不禁抖了一下，"一想到这里曾经充满着炽热的岩浆，我就有一种……别样的惊悚的感觉。"

"天黑以后，我们在博物馆就可以看到熔岩的红光了！"尤丝小姐说。

"那我们在博物馆等到天黑吧。"帅帅很想见识一下流动的岩浆。

博物馆门外的观景平台的南面，正好对着一片黑色的火山，在火山的大坑口上面，还有一个小火山口！

大家顺着卡尔大叔手指的方向看去，那个小小的火山口，正在不断地冒出白色的热气，因为距离有些远，没有办法看清楚熔岩。

大家进了博物馆里，一边参观展品，一边等着天黑。

知识百宝箱

夏威夷的火山国家公园

对于一般公园的设置、管理模式，大家一定很熟悉了。但是，对于美国的公园，你是不是存在着很多的好奇心呢？一个由众多火山组成的公园，是不是更加让你有参观的欲望呢？现在就一起来看看夏威夷的火山国家公园吧。

顾名思义，既然是"火山公园"，当然有火山。公园以基拉韦厄和冒纳罗亚两座现代活火山为首，设立了教科文组织生物保护区。虽然公园的地位这么重要，但并不影响当地居民在公园内采摘草药、沐浴和嬉戏等一切正常活动。

此外，公园也为游客提供了大量的关于火山的文献和视频资料，定时举办展览会，以方便游客认识和了解火山。

第19章

看到了流动着的熔岩

帅帅远远地就看见博物馆大厅里挂着一幅头顶红色花冠的女神画像。

"这是火山女神佩雷的画像。"尤丝小姐笑着介绍。

"火山女神佩雷的画像?火山女神有何神通?"史小龙很感兴趣。

"火山的女神,当然是很厉害的角色!夏威夷人都对这位女神心存恐惧!"尤丝小姐的眼睛瞪得大大的,"她发怒的时候,就会引起火山爆发。"

"这么厉害?"秀芬的眼神里充满了好奇。

"呵呵,所以也有人称她为'发怒女神'。"尤丝小姐笑着说。

"咦?"帅帅观察画像特别细致,"你们仔细看看,这个女神的头上戴着花型王冠,象征女王的身份;那披肩的长发……"

"我看不是花冠!"秀芬揉了揉眼睛,"分明是一个正在喷发的火山口!"

"哈哈,对了!"卡尔大叔引导他们继续观察,"那么,女神披肩的长发呢?仔细看看,应当像什么?"

"啊！我知道了，火山岩！"帅帅恍然大悟，"女神的长发就代表火山岩。"

"怪不得，佩雷是发怒女神……火山爆发就是她在发怒吧。"史小龙算首肯。

"这里为什么会一直不间断地播放着一个画面啊？"帅帅指着女神图片后面的电视屏幕，他很不解的是，来了这么久了，看到的都是一个场景。

"这是火山爆发的壮观场面。"卡尔大叔上前一步解释道。

"哇，这是火山刚刚喷发时的写真图！"史小龙盯着屏幕正在播放的一幕，眼睛一眨也不眨。

在火山喷发时，炽热的熔岩裹挟着巨大的石块直冲上高空。卡尔大叔指着屏幕上的场景，同步介绍着每一个喷发的过程，"然后，这些熔岩以很快的速度往下流淌；再之后，这些喷出的熔岩慢慢开始冷却，虽然看起来还是一片火红的颜色，但是它的流速已经明显变慢了很多……"

"哇……它在慢慢地向前蠕动……"帅帅指着蠕动的熔岩说。

"这是到了最后了，熔岩已经冷却到一定的程度了，它就慢慢地蠕动着向前流淌。"卡尔大叔继续解释。

"熔岩的流速……真有这么快啊！"帅帅特别不理解。

"屏幕上显示的流速肯定是被处理过的，"史小龙回答时，眼睛没有离开过屏幕，"它明显地把熔岩的实际速度夸大了几倍。"

"可是……为什么要夸大实际的速度啊？"帅帅紧接着问。

"因为只有这样，肉眼才能看出熔岩在流淌啊。"史小龙耸耸肩，表示很无奈。

"哦！原来是这样。"帅帅又皱起了眉头，"那么，这些熔岩到最后都会流到哪里去呢？"

"大海！"卡尔大叔停顿了一下，"当这些熔岩进入大海的一瞬间，海水就像被熔岩烫到了一样，腾空而起。"

"哇……"帅帅想着熔岩流进大海时的惊心动魄的场面，表情很夸张。

"这里……"史小龙看看博物馆的四周，"要么是个惹不起的喷发女神……要么是每天重复播放的视频资料，还是火山爆发的视频……"

"嗯，嗯。"卡尔大叔不明白史小龙的意思。

"是不是来这里的人们……胆小的就一直发抖；胆大的就容易发怒呢？"史小龙自言自语道。

"这里的确是个让人易怒的地方……"尤丝小姐终于又发表意见了。

"受刺激啊！哈哈哈……"史小龙笑着说。

天慢慢地黑了下来，大家从观景平台上往外望，火山口的北面露出了微弱的红光。随着天色慢慢变黑，红色的光芒越来越明显了。这时，很多游客都支起了三脚架，用相机拍摄夜幕中的火山口。突然大家不约而同的兴奋起来，因为都看到了希望来此看见的火山景观。

"熔岩！流动着的熔岩！"帅帅特别激动地指着远处的火山口说。

其实不用他说，大家也正观看着熔岩从火山口的南边往下溢流，熔岩在缓慢移动，就像是刚刚看到的视频资料里面的慢动作，但这要比视频真实得多！

"大饱眼福了吧！"卡尔大叔笑着说，"瞧，女神在发怒呢！"

第20章

夏威夷小结

尤丝小姐开着车子，朝机场飞奔，心中却很留恋这里，她说："我们就要告别夏威夷了，大家在车上闲坐着，倒不如回顾一下，这些天有哪些难忘的经历？"

"我先说，我印象最深的事是参观了珍珠港。"史小龙挠挠头，"原来这里是太平洋战争的始发地。看到被炸沉的'亚利桑那号'战舰的残骸，可以想象当年战争的惨烈。后来，美军在'亚利桑那号'战舰水下残骸的上面建了一个纪念馆，收录了珍珠港事件中所有阵亡将士的名字。每到纪念日都会有很多人来凭吊纪念，还看一些纪录片。我猜想，美国人是以此教育后代，勿忘国耻。"

"对的，每个国家都会有这样的历史情结！"卡尔大叔说。

"参观完纪念馆，便去游览檀香山市区。"秀芬笑着说，"在美国50个州里，夏威夷是最有历史特色的一个州了。我们看到了卡美哈美哈国王的塑像。"

"说到夏威夷的历史，在15世纪到18世纪的地理大发现时期，英国的航海家库克船长发现了夏威夷。从这以后，夏威夷就进入了世界人民的视野。"帅帅一本正经地说。

"其实，夏威夷群岛一直有土著，可能在这里生存了2000年，根本用不着库克船长来发现。1795年夏威夷酋长卡美哈美哈统一了整个夏威夷群岛，并自称为夏威夷国王卡美哈美哈一世。"史小龙像在讲述一个王朝的兴衰一样，表情庄重，"我又查对过资料，发现夏威夷王国的历史虽然不长，但却很坎坷。

"1819年卡美哈美哈一世去世，由其妹妹继承了王位。1840年，夏威夷王国改制为君主立宪制。

"1843年英国政府公开宣称英国拥有夏威夷的主权。1849年法国政府宣称占领夏威夷，拥有部分夏威夷的主权。

"1893年美国的一个基督教传教士率领其所有教会成员，一鼓作气地推翻了夏威夷王国。次年改制夏威夷共和国。女王被逼退位，由杜亨任首任总统。

"1898年美国正式将夏威夷合并。1959年，夏威夷群岛成为美国第50个州。这里有美国唯一一座王宫，即夏威夷皇宫。时至今日，皇宫前面还立着一尊卡美哈美哈的铜像。我们还参观了夏威夷的州政府，政府大楼就像一个要喷发的火山。"

"我们去过全夏威夷顶级的珠宝店,看到了夏威夷盛产的珠宝,有红珊瑚、金珍珠、黑珍珠之类的。"尤丝小姐意犹未尽,"夏威夷盛产珠宝,有很多珠宝都是只有夏威夷才出产,所以很珍贵。"

"你们到处逛的时候,我们又去潜水了。"帅帅笑嘻嘻地说,"我一直以为水中会很凉,下去了才知道水中挺暖和的。我们用一根管子通到水面,叫浮潜,不是背氧气桶的那种深潜。"

"是的,浮潜在珊瑚礁群里面,能看到水下的一切都非常漂亮。"卡尔大叔笑着说,"有五颜六色的鱼,还有珊瑚之类的水生物……哎,我们要向这里的人学习,讲究环保,不捕鱼,不破坏海

洋的生态环境。"

"我还看到了好几种颜色的鱼,有蓝的、黄的、黑的和绿的,但是,我们看到最后也叫不上它们的名字。"帅帅兴奋地说,"有好多的鱼,见到我游过来,都连忙躲进珊瑚里了……等到我游走了,那些鱼才探出头来。"

"我们逛街才刺激呢,晚上我们在那条街上闲逛,整条街都是名牌店。"秀芬真是一个天生的购物狂,"在那之前,我和尤丝小姐还去参观了迷人的海底世界……哎,你们没去真是太遗憾了,太平洋的海底特别漂亮。"

"是不是因为有很多很多五颜六色的小鱼啊?"卡尔大叔笑着猜测。

"那些鱼都一群一群地游着,它们的胆子超级大,见到潜艇也不

害怕。"尤丝小姐滔滔不绝地讲述着,"水下的能见度特别高。我们在水下看到飞机残骸和沉船的残骸,想起了珍珠港事件。"

"我看到2只小海龟,趴在沉船的表面睡大觉。"秀芬笑得像一个第一次去游乐园的兴奋小孩,"我们在海底自由自在地游走,感觉自己就是一条鱼了。"

"是啊,我也觉得自己是一条快乐的小鱼,这就是坐潜艇的快乐。船长说要上浮了,硬是把我们拉回了人类的生活。"尤丝小姐有些遗憾。

"坐潜艇真好玩,就是时间太短了,结束得有点仓促。"秀芬的大眼睛里面写满了惋惜。

"呵呵!"卡尔大叔笑了。

"我们去了著名的威基基海滩,看到金色的沙滩、碧蓝的海。沙滩上,穿着比基尼的俊男美女们在晒日光浴,喜欢刺激的人在冲浪。"尤丝小姐很兴奋地说。

帅帅也说:"离开沙滩,我们去看钻石火山。钻石火山之名,是当年库克船长发现夏威夷时命名的。不过钻石山并不出产钻石。这反映了地理大发现时代人们对珠宝财富的渴望。"

"我们去过恐龙湾,在那里进行过浮潜。"尤丝小姐提醒道。

"恐龙湾因形状像恐龙而得名,"秀芬对恐龙湾的景色念念不忘,"海湾的海水蓝得漂亮,让人过目不忘,那里空气也清新,阳光都很温柔呢。时不时地吹来一阵海风,感觉特别舒服。"

"啊,说到风,还是大风口的风大!"史小龙拍拍大腿。

"那天从大风口回来,我们在游船上吃了特色餐点,看表演,也看夜景。"帅帅若有所思地说,"还有……俏皮可爱、豪放又大气的草裙舞。"

"哇,那些跳舞的人,他们是怎么做到的?这么频频地扭动身体,太棒了!"尤丝小姐夸张地说,"真让人羡慕,无论我们怎么练习,永远也达不到那个境界吧?"

"那就安静地欣赏吧……表演真的很精彩呢!"帅帅平静地说。

"好了,孩子们,"卡尔大叔的语气平和,"这是一个美好的旅程,不要觉得舍不得了。美丽的夏威夷,我们来过、看过、经历过,我们

对世界有许多新认识，获得了我们以前不知道的知识，这就是旅行的意义，也是给我们以后继续奋斗、继续探索生活提供了新的动力。"

"真的是这样！收拾好心情，我们不是离开，是继续新的行程。"尤丝小姐也高兴地说。